铁路改革研究丛书

铁路公益性补偿机制研究

左大杰 等 著

西南交通大学出版社
·成 都·

图书在版编目（ＣＩＰ）数据

铁路公益性补偿机制研究 / 左大杰等著. 一成都：
西南交通大学出版社，2020.6
（铁路改革研究丛书）
ISBN 978-7-5643-7450-1

Ⅰ.①铁… Ⅱ.①左… Ⅲ.①铁路运输 – 补偿机制 –
研究 – 中国 Ⅳ.①F532.1

中国版本图书馆 CIP 数据核字（2020）第 097821 号

铁路改革研究丛书
Tielu Gongyixing Buchang Jizhi Yanjiu
铁路公益性补偿机制研究
左大杰 等 著

责 任 编 辑   周 杨
封 面 设 计   曹天擎

出 版 发 行   西南交通大学出版社
              （四川省成都市金牛区二环路北一段 111 号
              西南交通大学创新大厦 21 楼）
发行部电话   028-87600564 028-87600533
邮 政 编 码   610031
网   址   http://www.xnjdcbs.com
印   刷   四川煤田地质制图印刷厂
成 品 尺 寸   170 mm × 230 mm
印   张   13
字   数   192 千
版   次   2020 年 6 月第 1 版
印   次   2020 年 6 月第 1 次
书   号   ISBN 978-7-5643-7450-1
定   价   88.00 元

总 序

　　我国铁路改革始于20世纪70年代末。在过去的40多年里，铁路的数次改革均因铁路自身的发展不足或改革的复杂性而搁置，铁路改革已大大滞后于国家的整体改革和其他行业改革，因而铁路常被称为"计划经济最后的堡垒"。2013年3月，国家铁路局和中国铁路总公司①（以下简称铁总）分别成立，我国铁路实现了政企分开，铁路管理体制改革再一次成为行业研究的热点。

　　以中国共产党第十八届中央委员会第三次全体会议（简称中共十八届三中全会）为标志，全面深化铁路改革已经站在新的历史起点上。在新的时代背景下，全面深化铁路改革，必须充分考虑当前我国的国情、路情及铁路行业发展中新的关键问题，并探索解决这些关键问题的方法。经过较长时间的调研与思考，作者认为当前深化铁路改革必须解决如下12个关键问题。

　　第一，铁路国家所有权政策问题。国家所有权政策是指有关国家出资和资本运作的公共政策，是国家作为国有资产所有者要实现的总体目标，以及国有企业为实现这些总体目标而制定的实施战略。目前，如何处理国家与铁路之间的关系，如何明确国有经济在铁路行业的功能定位与布局，以及国有经济如何在铁路领域发挥作用，是全面深化铁路改革在理论层面的首要关键问题。

　　第二，铁路网运关系问题。铁路网运合一、高度融合的经营管理体制，是阻碍社会资本投资铁路的"玻璃门"，也是铁路混合所有制难以推进、公益性补偿机制难以形成制度性安排的根源，因而是深化铁

---

　　① 2019年6月18日，中国铁路总公司正式改制挂牌成立中国国家铁路集团有限公司。

路改革难以逾越的体制性障碍。如何优化铁路网运关系，是全面深化铁路改革在实践层面的首要关键问题。

第三，铁路现代企业制度问题。中共十八届三中全会明确提出，必须适应市场化、国际化的新形势，进一步深化国有企业改革，推动国有企业完善现代企业制度。我国铁路除了工程、装备领域企业之外，铁总及所属18个铁路局①、3个专业运输公司绝大多数均尚未建立起完善且规范的现代企业制度，公司制、股份制在运输主业企业中还不够普及。

第四，铁路混合所有制问题。发展铁路混合所有制不仅可以提高铁路国有企业的控制力和影响力，还能够提升铁路企业的竞争力。当前②我国铁路运输主业仅有3家企业（分别依托3个上市公司作为平台）具有混合所有制的特点，铁总及其所属企业国有资本均保持较高比例甚至达到100%，铁路国有资本总体影响力与控制力极弱。

第五，铁路投融资体制问题。"铁路投资再靠国家单打独斗和行政方式推进走不动了，非改不可。投融资体制改革是铁路改革的关键，要依法探索如何吸引社会资本参与。"③虽然目前从国家、各部委到地方都出台了一系列鼓励社会资本投资铁路的政策，但是效果远不及预期，铁路基建资金来源仍然比较单一，阻碍社会资本进入铁路领域的"玻璃门"依然存在。

第六，铁路债务处置问题。铁总在政企分开后承接了原铁道部的资产与债务，这些巨额债务长期阻碍着铁路的改革与发展。2016年，铁总负债已达4.72万亿元（较上年增长15%），当年还本付息就达到6 203亿元（较上年增长83%）；随着《中长期铁路网规划（2016—2030）》（发改基础〔2016〕1536号）的不断推进，如果铁路投融资体制改革不能取得实质性突破，铁路债务总体规模将加速扩大，铁路债务

① 2017年7月"铁路改革研究丛书"第一批两本书出版时，18个铁路局尚未改制为集团有限公司，为保持丛书总序主要观点一致，此次修订仍然保留了原文的表述方式（类似情况在丛书总序中还有数处）。

② 此处是指2017年7月"铁路改革研究丛书"第一批两本书出版的时间。截至本丛书总序此次修订时，铁路混合所有制已经取得了积极进展，但是铁路国有资本总体影响力与控制力仍然较弱。

③ 2014年8月22日，国务院总理李克强到中国铁路总公司考察时做出上述指示。

风险将逐步累积。

第七，铁路运输定价机制问题。目前，铁路运输定价、调价机制还比较僵化，适应市场的能力还比较欠缺，诸多问题导致铁路具有明显技术优势的中长途以及大宗货物运输需求逐渐向公路运输转移。建立科学合理、随着市场动态调整的铁路运价机制，对促进交通运输供给侧结构性改革、促进各种运输方式合理分工具有重要意义。

第八，铁路公益性补偿问题。我国修建了一定数量的公益性铁路，国家铁路企业承担着大量的公益性运输。当前铁路公益性补偿机制存在制度设计缺失、补偿对象不明确、补偿方式不完善、补偿效果不明显、监督机制缺乏等诸多问题。公益性补偿机制设计应从公益性补偿原理、补偿主体和对象、补偿标准、保障机制等方面入手，形成一个系统的制度性政策。

第九，铁路企业运行机制问题。目前，国家铁路企业运行机制仍受制于铁总、铁路局两级法人管理体制，在前述问题得到有效解决之前，铁路企业运行的有效性和市场化不足。而且，铁总和各铁路局目前均为全民所有制企业，实行总经理（局长）负责制，缺少现代企业制度下分工明确、有效制衡的企业治理结构，决策与执行的科学性有待进一步提高。

第十，铁路监管体制问题。铁路行业已于 2013 年 3 月实现了政企分开，但目前在市场准入、运输安全、服务质量、出资人制度、国有资产保值/增值等方面的监管还比较薄弱，存在监管能力不足、监管职能分散等问题，适应政企分开新形势的铁路监管体制尚未形成。

第十一，铁路改革保障机制问题。全面深化铁路改革涉及经济社会各方面的利益，仅依靠行政命令等形式推进并不可取。只有在顶层设计、法律法规、技术支撑、人力资源以及社会舆论等保障层面形成合力，完善铁路改革工作保障机制，才能推进各阶段工作的有序进行。目前，铁路改革的组织领导保障、法律法规保障、技术支撑保障、人力资源保障、社会舆论环境等方面没有形成合力，个别方面还十分薄弱。

第十二，铁路改革目标路径问题。中共十八届三中全会以来，电力、通信、油气等关键领域改革已取得重大突破，但关于铁路改革的顶层设计尚未形成或公布。个别非官方的改革方案对我国国情与铁路的实际情况缺乏全面考虑，并对广大铁路干部职工造成了较大困扰。"十三五"是全面深化铁路改革的关键时期，当前亟须结合我国铁路实际研讨并确定铁路改革的目标与路径。

基于上述对铁路改革发展 12 个关键问题的认识，作者经过广泛调研并根据党和国家有关政策，初步形成了一系列研究成果，定名为"铁路改革研究丛书"，主要包括 12 本专题和 3 本总论。

（1）《铁路国家所有权政策研究》：铁路国家所有权政策问题是全面深化铁路改革在理论层面的首要关键问题。本书归纳了国外典型行业的国家所有权政策的实践经验及启示，论述了我国深化国有企业改革过程中在国家所有权政策方面的探索，首先阐述了铁路国家所有权政策的基本概念、主要特征和内容，然后阐述了铁路的国家所有权总体政策，并分别阐述了铁路工程、装备、路网、运营、资本等领域的国家所有权具体政策。

（2）《铁路网运关系调整研究》：铁路网运关系调整是全面深化铁路改革在实践层面的首要关键问题。本书全面回顾了国内外网络型自然垄断企业改革的成功经验（特别是与铁路系统相似度极高的通信、电力等行业的改革经验），提出了"路网宜统、运营宜分、统分结合、网运分离"的网运关系调整方案，并建议网运关系调整应坚持以"顶层设计+自下而上"的路径进行。

（3）《铁路现代企业制度研究》：在现代企业制度基本理论的基础上，结合国外铁路现代企业制度建设的相关经验和国内相关行业的各项实践及其启示，立足于我国铁路建立现代企业制度的现状，通过理论研究与实践分析相结合的方法，提出我国铁路现代企业制度建设的总体思路和实施路径，包括铁总改制阶段、网运关系调整阶段的现代企业制度建设以及现代企业制度的进一步完善等实施路径。

（4）《铁路混合所有制研究》：我国国家铁路企业所有制形式较为单一，亟须通过混合所有制改革扩大国有资本控制力，扩大社会资本投资铁路的比例，但是网运合一、高度融合的体制是阻碍铁路混合所有制改革的"玻璃门"。前期铁路网运关系的调整与现代企业制度的建立为铁路混合所有制改革创造了有利条件。在归纳分析混合所有制政策演进以及企业实践的基础上，阐述了我国铁路混合所有制改革的总体思路、实施路径、配套措施与保障机制。

（5）《铁路投融资体制研究》：以铁路投融资体制及其改革为研究对象，探讨全面深化铁路投融资体制改革的对策与措施。在分析我国铁路投融资体制改革背景与目标的基础上，借鉴了其他行业投融资改革实践经验，认为铁路产业特点与网运合一体制是阻碍社会资本投资铁路的主要原因。本书研究了投资决策过程、投资责任承担和资金筹集方式等一系列铁路投融资制度，并从投融资体制改革的系统性原则、铁路网运关系调整（基于统分结合的网运分离）、铁路现代企业制度的建立、铁路混合所有制的建立等方面提出了深化铁路投融资体制改革的对策与措施。

（6）《铁路债务处置研究》：在分析国内外相关企业债务处置方式的基础上，根据中共十八大以来党和国家国有企业改革的有关政策，提出应兼顾国家、企业利益，采用"债务减免""债转资本金""债转股""产权（股权）流转"等措施合理处置铁路巨额债务，并结合我国国情、路情以及相关政策，通过理论研究和实践分析，提出了我国铁路债务处置的思路与实施条件。

（7）《铁路运输定价机制研究》：在铁路运价原理的基础上阐述价值规律、市场、政府在铁路运价形成过程中的作用，阐述了成本定价、竞争定价、需求定价3种方式及其适用范围，研究提出了针对具有公益性特征的路网公司采用成本导向定价，具有商业性特征的运营公司采用竞争导向定价的运价改革思路。

（8）《铁路公益性补偿机制研究》：分析了当前我国铁路公益性面临补贴对象不明确、补贴标准不透明、制度性安排欠缺等问题，认为公益性补偿机制设计应从公益性补偿原理、补偿主体和对象、补偿标准、保障机制等方面形成一个系统的制度性政策，并从上述多个层面探讨了我国铁路公益性补偿机制建立的思路和措施。

（9）《铁路企业运行机制研究》：国家铁路企业运行机制仍受制于铁总、铁路局两级法人管理体制，企业内部缺乏分工明确、有效制衡的企业治理结构。在归纳分析国外铁路企业与我国典型网络型自然垄断企业运行机制的基础上，提出了以下建议：通过网运关系调整使铁总"瘦身"成为路网公司；通过运营业务公司化，充分发挥运输市场竞争主体、网运关系调整推动力量和资本市场融资平台三大职能；通过进一步规范公司治理和加大改革力度做强、做优铁路工程与装备行业；从日益壮大的国有资本与国有经济中获得资金或资本，建立铁路国有资本投资运营公司，以铁路国资改革促进铁路国企改革。

（10）《铁路监管体制研究》：通过分析我国铁路监管体制现状及存在的问题，结合政府监管基础理论及国内外相关行业监管体制演变历程与经验，提出我国铁路行业监管体制改革的总体目标、原则及基本思路，并根据监管体制设置的一般模式，对我国铁路监管机构设置、职能配置及保障机制等关键问题进行了深入分析，以期为我国铁路改革提供一定的参考。

（11）《铁路改革保障机制研究》：在分析我国铁路改革的背景及目标的基础上，从铁路改革的顶层设计、法律保障、政策保障、人才保障和其他保障等方面，分别阐述其现状及存在的问题，并借鉴其他行业改革保障机制实践经验，结合国外铁路改革保障机制的实践与启示，通过理论研究和分析，提出了完善我国铁路改革保障机制的建议，以保证我国铁路改革相关工作有序推进和持续进行。

（12）《铁路改革目标与路径研究》：根据党和国家关于国企改革的一系列政策，首先提出了铁路改革的基本原则（根本性原则、系统性原则、差异性原则、渐进性原则、持续性原则），然后提出了我国铁路改革的目标和"六步走"的全面深化铁路改革路径，并对"区域分割""网运分离""综合改革"3个方案进行了比选，最后从顶层设计、法律保障、人才支撑等方面论述了铁路改革目标路径的保障机制。

在12个专题的基础上，作者考虑到部分读者的时间和精力有限，将全面深化铁路改革的主要观点和建议进行了归纳和提炼，撰写了3本总论性质的读本：《全面深化铁路改革研究：总论》《全面深化铁路改革研究：N问N答》《全面深化铁路改革研究：总体构想与实施路线》。其中，《全面深化铁路改革：N问N答》一书采用一问一答的形式，对铁路改革中的一些典型问题进行了阐述和分析，方便读者阅读。

本丛书的主要观点和建议，均为作者根据党和国家有关政策并结合铁路实际展开独立研究而形成的个人观点，不代表任何机构或任何单位的意见。

感谢西南交通大学交通运输与物流学院为丛书研究提供的良好学术环境。丛书的部分研究成果获得西南交通大学"中央高校基本科研业务费科技创新项目"（26816WCX01）的资助。本丛书中《铁路投融资体制研究》《铁路债务处置研究》两本书由西南交通大学中国高铁发展战略研究中心资助出版（2017年），《铁路国家所有权政策研究》（2682018WHQ01）（2018年）、《铁路现代企业制度研究》（2682018WHQ10）（2019年）两本书由西南交通大学"中央高校基本科研业务费文科科研项目"后期资助项目资助出版。感谢中国发展出版社宋小凤女士、西南交通大学出版社诸位编辑在本丛书出版过程中给予的大力支持和付出的辛勤劳动。

本丛书以铁路运输领域理论工作者、政策研究人员、政府部门和铁路运输企业相关人士为主要读者对象，旨在为我国全面深化铁路改革提供参考，同时也可供其他感兴趣的广大读者参阅。

总体来说，本丛书涉及面广，政策性极强，实践价值高，写作难度很大。但是，考虑到当前铁路改革发展形势，迫切需要出版全面深化铁路改革系列丛书以表达作者的想法与建议。限于作者知识结构水平以及我国铁路改革本身的复杂性，本丛书难免有尚待探讨与诸多不足之处，恳请各位同行专家、学者批评指正（意见或建议请通过微信/QQ：54267550发送给作者），以便再版时修正。

左大杰

西南交通大学

2019 年 3 月 1 日

前 言

　　铁路是国民经济大动脉、关键基础设施和重大民生工程，是综合交通运输体系的骨干和主要运输方式之一，在我国经济社会发展中的地位和作用至关重要。铁路具有一个重要的特性，即所提供的基础设施与运输服务具有公益性。铁路公益性是社会各相关主体对铁路运输企业社会性的普遍服务要求，是运输企业服务业务中取得了社会效益但其成本没有得到完全补偿的部分。与其他服务或产品相比，公益性服务或产品为满足社会公共利益需要而无法盈利，无法按照市场经济规律运行。

　　《国务院关于组建中国铁路总公司有关问题的批复》（国函〔2013〕47 号）中明确表示："对于铁路承担的学生、伤残军人、涉农物资等公益性运输任务，以及青藏线、南疆线等有关公益性线路的经营亏损，研究建立铁路公益性运输补贴机制，研究采取财政补贴等方式，对铁路公益性运输给予适当补偿。"根据文件和现有研究资料，我国铁路的公益性主要体现在一些典型的公益性运输项目和公益性铁路上。其中，公益性运输项目主要包括事物资、扶贫救灾、军人残疾人和在校学生等大量非营利性服务；公益性铁路主要是指偏远山区等公益性铁路运输线路。公益性铁路的建设和公益性运输项目的开展成本高、收益低，铁路路网企业和运营企业无法从市场中获得足够的经济回报。

　　铁路公益性补偿机制这一问题并非一个独立的问题，它与铁路运价、财务清算体系等多方面问题相互联系，而这些问题的背后是铁路改革这一深层次问题。进一步深化铁路改革，建立现代企业制度，探索实施统分结合的网运分离，铁路公益性补偿机制相关问题才能得到解决。"网运合一、高度融合"的体制使经营性与公益性相互交织，实行统分结合的网运分离对于公益性补偿机制的建立具有重要意义。

　　本书通过分析国外铁路行业和国内外非铁路行业的公益性补偿机制，基于我国铁路公益性补偿现状，提出铁路公益性补偿的总体框架，对不同的公益性运输及线路实行不同的补偿方式，最后提出相关的保障机制。

本书共分为8章。第1章为绪论，主要论述本书研究背景、国内外研究现状、主要研究方法与研究内容。第2章为基本理论，主要论述公益的概念、公共产品理论和外部性理论等，从多角度分析铁路的公益性质。第3章为实践综述，分析国内外企业的公益性补偿机制，总结国内外企业的公益性补偿机制对我国铁路公益性补偿机制的启示。第4章为现状分析，首先明确公益性运输和公益性铁路的相关定义，分析目前我国铁路公益性问题处理的基本方式，然后结合我国现状论述目前公益性补偿存在的问题。第5章为总体框架，在基本理论以及现状分析的基础上，明确铁路公益性补偿的基本原则和总体思路。第6章为补偿标准，分析铁路公益性补偿经济标准，并且对不同的损失提出测算方法，针对公益性铁路和公益性运输分类提出补偿方式及方法。第7章为保障机制，主要研究铁路公益性补偿机制与各项配套措施，从加强顶层设计、提升思想认识、加强政策保障、加强法律保障、资金保障等方面展开研究。第8章为结论与展望，总结本书的研究成果，并提出未来的研究展望。本书认为我国应该参照国外运输行业公益性补偿机制，结合当前我国铁路公益性补偿现状，在正确划分铁路公益性与经营性界限的基础上，建立法律保障，明确公益性补偿政策，逐步建立补偿机制，以期为相关部门提供决策参考。

本书基本框架、总体思路与主要观点由西南交通大学左大杰副教授负责拟定。各章分别由西南交通大学左大杰（第1章、第7章）、陈瑶（第2章、第6章）、罗桂蓉（第3章）、黄蓉（第4章）、唐莉（第5章）、丁祎晨（第7章）、乔正（第8章）撰写。全书由左大杰负责统稿。

本书在写作过程中参阅了大量国内外著作、学术论文和相关文献等资料（由于涉及文献较多，难免出现挂一漏万的情况），在此谨向这些作者表示由衷的感谢。

由于铁路近年来的建设规划与实践仍在快速发展中，以及作者水平和能力所限，本书难免存在不足之处，欢迎批评指正。

左大杰

2018 年 11 月 2 日

目 录

第1章 绪 论

我国国情和路情决定了中国铁路必须承担公益性服务。长期以来，我国铁路在指令计划和高度管制下承担了较大份额的公益性运输以及公益性铁路的修建，以致我国铁路亏损加重。铁路内部通过经营性所得利润去弥补公益性所造成的亏损，不利于铁路企业的发展。本章主要分析现阶段我国国企改革的基本目标，铁路改革的基本状况，以及国企改革大环境下铁路公益性问题的研究背景、研究意义、研究内容与方法。

1.1 研究背景

长期以来，我国铁路对涉及国计民生的物资提供免费运输或降价运输在公益性运输中起到非常重要的作用。铁路市场主体地位确立以后，铁路公益性和追求效益的市场化目标之间的矛盾越来越突出，直接影响铁路运输企业的盈利水平和绩效评价，财政部等相关部门应尽快建立我国铁路公益性补偿机制。

1.1.1 全面深化改革背景

十八届三中全会以"全面深化改革"为主题，做出了《中共中央关于全面深化改革若干重大问题的决定》。

十八届四中全会首次定位了"四个全面"战略布局，强调全面建成小康社会、全面深化改革、全面推进依法治国、全面从严治党这四大战略任务相互联系、相辅相成，必须要协调发展、共同推进。

新时代要求进一步深化改革，经济社会发展呼唤进一步深化改革，人民群众期待进一步深化改革，改革的步伐绝不能停顿，更不能倒退。为全面建成小康社会，进而建成富强民主文明和谐的社会主义现代化国家，实现中华民族伟大复兴的中国梦，亟须全面深化改革。

1.1.2 国有企业改革背景

国有企业改革在国有企业发展中占据着重要地位。建立和完善社会主义市场经济体制，实现公有制与市场经济的有效结合，最重要的是使国有企业形成适应市场经济要求的管理体制和经营机制。

改革开放以来，国有企业改革发展不断取得重大进展，总体上已经同市场经济相融合，运行质量和效益明显提升。国际国内市场竞争中涌现出一批具有核心竞争力的骨干企业，为推动经济社会发展、保障和改善民生、开拓国际市场、增强我国综合实力做出了重大贡献，取得了突出的成就。但是，国有企业仍然存在一些亟待解决的突出矛盾和问题，如一些企业市场主体地位尚未真正确立，现代企业制度还不健全，国有资产监管体制有待完善，国有资本运行效率需进一步提高等，因此，国有企业改革应继续推进。

2015 年 9 月 13 日，《中共中央、国务院关于深化国有企业改革的指导意见》（以下简称《意见》）正式对外公布。从改革的总体要求到分类推进国有企业改革、完善现代企业制度、完善国有资产管理体制、发展混合所有制经济等方面，全面提出了新时期国有企业改革的目标任务和重大举措，对全面深化国有企业改革具有重大意义。

经过国有企业的若干年改革，我国国企在重大工程的建设、科技创新、航空航天等方面取得了很大进步，国有企业的发展达到了历史最好水平。2017 年，全国国有企业营业收入达 50 万亿元，利润达 2.9 万亿元，比 2016 年分别增长了 14.7% 和 23.5%。其中，中央企业的营业收入是 26.4 万亿元，实现利润达 1.42 万亿元，分别比 2016 年增长了 13.3% 和 15.2%。这都是这五年来最好的数据。

1.1.3　我国铁路改革背景

铁路是国民经济大动脉、关键基础设施和重大民生工程，是综合交通运输体系的骨干和主要运输方式之一，在我国经济社会发展中的地位和作用至关重要。加强现代化铁路建设，对扩大铁路运输有效供给、构建现代综合交通运输体系、建设交通强国、实现"两个一百年"奋斗目标和中华民族伟大复兴的中国梦具有十分重要的意义。从我国铁路的规模、作用以及自身的性质上看，铁路必然是我国国企改革的重点对象之一。

从 20 世纪 80 年代中期开始，中国铁路运输就呈全面短缺状态，铁路运输能力不足成为制约国民经济发展的主要瓶颈之一。为了推进铁路运输业快速发展和缓解运输压力，原铁道部进行了一系列的渐进式改革。

1986 年，铁道部在铁路业内部首次实行"大包干"改革，将计划、财务、人事、物资等权力下放到各铁路局，实行"以路建路"和"以路养路"的经济承包责任制。国家给予铁路相应的优惠政策，包括大幅度降低运输企业营业税率，豁免铁路建设"拨改贷"本息，运输企业实行工资含量包干合资铁路，有亏损的新线实行地方运价、特殊运价等。"大包干"虽然能够在一定程度上调动企业的积极性，但无法解决政企不分的问题。

1991 年，各铁路局经济承包在"七五"承包方案的基础上进行了适当调整，实行滚动承包。以适度增加激励机制、健全约束机制为目标，对增强企业运输活力的诸多因素进行改进与完善。

1994 年，铁道部开始进行建立现代企业制度的试点工作，在运输、工业、施工系统选择了 11 个试点企业。其中包括 2 个铁路运输公司，即大连铁路分局改制为有限责任公司，广深铁路公司改造为股份有限公司。这次改革在建立法人治理结构、调整资产结构、加强内部管理、强化市场营销等方面，进行了探索和实践。同时，完成了铁路局和铁路分局的法人注册。

1996 年，铁道部成立铁路总体改革办公室，提出了铁路业"上下分离"的改革方案。

2003 年，时任铁道部部长主持"铁路跨越式发展研讨会"，提出"跨越式发展"战略，确定上海铁路局、兰州铁路局和青岛铁路分局为主辅分离的 3 家试点单位。同年，铁路"主辅分离"改革全面展开。

2005 年，铁道部撤销全部 41 个分局，实行"铁道部—铁路局—站段"的三级管理体制，并对铁路投融资体制进行改革，推动地方铁路建设和铁路企业股份制改造上市。这在当时被称为中国铁路最大的内部改革，但专家认为，改革并未触动铁道部"统一运输计划、统一核算"财务体制的根基，没有一个铁路局成为真正意义上的运输市场主体和经营实体。

2008 年以来，为了促进不同运输方式的协调发展，实行综合运输管理，政府有意将交通运输部、民用航空局、邮政局和铁道部合并成立"大交通部"，着眼于整体运输市场发展的铁路运输业改革方案也在酝酿之中。然而提议未经落实，改革再一次被搁置。

2013 年 3 月 14 日，根据十二届全国人大一次会议批准的《国务院机构改革和职能转变方案》，实行铁路政企分开，组建中国铁路总公司（以下简称"中铁总"）（见专栏 1-1）。政企分离后，中铁总以铁路客货运输服务为主业，实行多元化经营。负责铁路运输统一调度指挥，负责国家铁路客货运输经营管理，承担国家规定的公益性运输，保证关系国计民生的重点运输和特运、专运、抢险救灾运输等任务，负责拟订铁路投资建设计划，提出国家铁路网建设和筹资方案建议等。

【专栏 1-1】 国务院关于组建中国铁路总公司有关问题的批复 国函〔2013〕47 号

交通运输部、财政部、国家铁路局：

原铁道部关于报请审批中国铁路总公司组建方案和公司章程的请示收悉。现就组建中国铁路总公司有关问题批复如下：

一、原则同意《中国铁路总公司组建方案》和《中国铁路总公司章程》。

二、中国铁路总公司是经国务院批准，依据《中华人民共和国全民所有制工业企业法》设立，由中央管理的国有独资企业，由财政部代表国务院履行出资人职责，交通运输部、国家铁路局依法对公司进行行业监管。

三、中国铁路总公司以铁路客货运输服务为主业，实行多元化经营。负责铁路运输统一调度指挥，负责国家铁路客货运输经营管理，承担国家规定的公益性运输，保证关系国计民生的重点运输和特运、专运、抢险救灾运输等任务。负责拟订铁路投资建设计划，提出国家铁路网建设和筹资方案建议。负责建设项目前期工作，管理建设项目。负责国家铁路运输安全，承担铁路安全生产主体责任。

四、中国铁路总公司注册资金为 10 360 亿元人民币，不进行资产评估和审计验资；实有国有资本数额以财政部核定的国有资产产权登记数额为准。

五、中国铁路总公司的领导班子由中央管理；公司实行总经理负责制，总经理为公司法定代表人。

六、中国铁路总公司为国家授权投资机构和国家控股公司，财务关系在财政部单列，并依照国家有关法律和行政法规，开展各类投资经营业务，承担国有资产保值增值责任，建立健全公司的财务会计制度。

七、同意将原铁道部相关资产、负债和人员划入中国铁路总公司，将原铁道部对所属 18 个铁路局（含广州铁路集团公司、青藏铁路公司）、3 个专业运输公司及其他企业的权益作为中国铁路总公司的国有资本。中国铁路总公司的国有资产收益，应按照国家有关法律法规和有关规定执行，历史债务问题没有解决前，国家对公司暂不征收国有资产收益。在保证有关企业合法权益和自身发展需要的前提下，公司可集中部分国有资产收益，由公司用于再投入和结构调整。

八、建立铁路公益性运输补贴机制。对于铁路承担的学生、伤残军人、涉农物资等公益性运输任务，以及青藏线、南疆线等有关公益性铁路的经营亏损，研究建立铁路公益性运输补贴机制，研究采取财政补贴等方式，对铁路公益性运输亏损给予适当补偿。

九、中国铁路总公司组建后，继续享有国家对原铁道部的税收优惠政策，国务院及有关部门、地方政府对铁路实行的原有优惠政策继续执行，继续明确铁路建设债券为政府支持债券。对企业设立和重组改制过程中涉及的各项税费政策，按国家规定执行，不增加铁路改革成本。

十、中国铁路总公司承继原以铁道部名义签订的债权债务等经济合同、民事合同、协议等权利和义务；承继原铁道部及国家铁路系统拥有的无形资产、知识产权、品牌、商标等权益，统一管理使用。妥善解决原铁道部及下属企业负债，国家原有的相关支持政策不变，在中央政府统筹协调下，综合采取各项措施加以妥善处理，由财政部会同国家有关部门研究提出具体处理方式。

十一、中国铁路总公司组建后，要加强铁路运输调度集中统一指挥，维护良好运输秩序，保证重点运输、公益性运输，确保铁路运输安全和职工队伍稳定。要有序推进铁路建设，按期完成"十二五"规划建设任务。要根据国家产业政策，完善路网结构，优化运输组织，强化安全管理，提升服务质量，提高运输效率和效益，不断增强市场竞争力。要继续深化铁路企业改革，按照建立现代企业制度的要求，推进体制机制创新，逐步建立完善的公司法人治理结构，不断提高管理水平和市场竞争力。《中国铁路总公司组建方案》和《中国铁路总公司章程》由财政部根据本批复精神完善后印发。

组建中国铁路总公司是深化铁路管理体制改革、实现政企分开、推动铁路建设和运营健康可持续发展的重要举措，各地区、各有关部门要积极支持，做好组建中国铁路总公司的各项工作，确保铁路体制改革顺利、平稳实施。

国务院
2013 年 3 月 14 日

（此件公开发布）

资料来源：http://www.gov.cn/zwgk/2013-03/14/content_2354218.htm

2017 年 11 月 19 日，中铁总所属 18 个铁路局更名挂牌仪式统一进行。中铁总旗下的 18 个铁路局（公司）已全部完成工商变更登记，全部改制成铁路局集团公司。这标志着铁路公司制改革取得重要成果，从传统运输生产型企业向现代运输经营型企业转型发展迈出了重要一步。

铁路作为国家的重要基础设施，它的多重属性和自身特点决定了它比一般竞争性国有大中型企业的改革更加复杂，因为铁路企业改革及体制的转型不仅涉及铁路企业内政企关系与分配制度的变迁，而且涉及国家与铁路企业关系的大变迁，以及铁路内部的技术联系。因此，要使铁路适应市场经济时代，急需正确地引导铁路企业实施改革。2018年3月7日，中铁总（现已改名为中国国家铁路集团有限公司）党组书记、总经理陆东福接受了新华网记者专访，对铁路进一步改革提出了一些举措（见专栏1-2）。

【专栏 1-2】 让中国铁路"领跑"世界 —— 陆东福代表就铁路热点答记者问

新华网北京3月7日电（记者齐中熙）"高铁网络、电子商务、移动支付、共享经济等引领世界潮流。"今年政府工作报告中，中国高铁再次引发关注。春运中，百姓也切实感受到了铁路出行的新变化。

3月7日，全国人大代表、中国铁路总公司党组书记、总经理陆东福接受了本网记者专访，回应了社会关注铁路的众多热点问题。

（其他问题省略）

记者：今年是改革开放40周年，请问铁路系统有哪些重大改革举措？

陆东福：2013年铁路实施政企分开成立中国铁路总公司以来，我们对总公司和所属18个铁路局进一步明晰了职能定位，厘清了管理关系和方式，建立了管理制度体系，初步形成了上下贯通、法治化市场化经营体制。去年，又顺利实施了铁路局公司制改革和总公司机关组织机构改革，制定了发展混合所有制经济的意见和新建铁路项目吸引社会投资暂行办法，并做了一些积极探索，同时，大力推进铁路运输供给侧结构性改革。一些改革成效已经显现，一些改革重点已经破题，铁路改革正处在关键窗口期，我们将坚定不移地全面深化改革。

一方面，加强党对国铁企业的全面领导。我们要保持政治定力，坚持以人民为中心发展思想，正确处理好政府、企业、市场三者的关系，把握好铁路建设发展服务国家战略、服务经济社会发展的价值取向，坚持和发挥集中力量办大事的体制优势和铁路行业专业优势，促进铁路事业持续优质发展。

另一方面,加快建立具有中国特色现代国铁企业制度和运行机制,力求取得改革新突破。在进一步完善所属 18 个铁路局集团公司法人治理结构的基础上,巩固总公司机关组织机构改革成果,尽快完成总公司公司制改革;按照提高铁路核心竞争力、做强做优做大国有资本的方向,积极推动铁路领域混合所有制改革和铁路资产资本化股权化证券化改革,加快推进非运输企业重组改制,积极探索铁路公司混改、债转股法治化、市场化途径,探索推进铁路企业发行资产支持证券工作;研究以路网运营企业、专业运输企业及非运输企业为重点的资源整合、资产重组、股改上市等方案,推出一批对社会资本有吸引力的项目;继续深化铁路运输供给侧结构性改革,加快铁路网与互联网的融合发展,深化"三项制度"改革,强化全面预算管理,增强铁路企业发展活力,推动中国铁路效率效益持续提升,实现高质量发展。

资料来源:http://www.xinhuanet.com/politics/2018lh/2018-03/07/c_129824949.htm

2018 年 5 月 25 日,国家铁路局党组成员郑健在西南交通大学做了"新时代高铁发展战略思考"专题报告。郑健为铁路改革发展提出了 8 方面的路径,包括完善铁路法律法规,建立公益性补偿、运价定价机制等。

1.1.4　铁路公益性研究背景及意义

1. 我国铁路公益性的客观性和现实性

铁路公益性运输是社会各相关主体对铁路运输企业社会性的普遍服务要求,是运输企业服务业务中取得了社会效益但其成本没有得到完全补偿的部分。我国铁路在支农物资运输、抢险救灾运输、军用国防运输等公益性运输中起到重要甚至是不可替代的作用,在学生、伤残军人旅客和支农产品、煤炭等涉及国计民生的物资上提供免费运输或给降价运输。在我国铁路运营中,上述铁路公益性是客观存在的,而且铁路公益性给铁路企业造成了实际的损失额。

我国铁路公益性的特征如下。

（1）中国铁路由于公益性运输产生大量的内部转移支付。

为了贯彻国务院西部大开发、振兴东北的战略而修建的西部铁路以及原有的东北铁路，与东部铁路相比具有投资大、成本高、运量相对少的特点，大部分属于公益性铁路，社会效益明显而企业经济效益差，亏损严重。为了保持铁路大动脉的畅通，铁路企业只能对西部、东北铁路实施内部转移支付。2003—2006年，铁道部通过内部转移支付对这些线路进行的补贴达356亿元。

（2）中国铁路负担了大量应该由政府承担的支出。

由于原铁道部的政企合一，中国铁路在承担一般性公益性运输外，还负担了大量应该由政府承担的支出，主要是政府和社会职能支出，包括铁路公检法以及已经移交地方的中小学、医院等。2003—2006年，铁路用于支付铁路公、检、法机关经费、安全监管费和社会职能的补贴累计379亿元[1]。

（3）公益性铁路投资形成的巨额债务带来不断增加的金融风险。

无论是经营性铁路的建设，还是公益性铁路的建设，其投资基本上由铁路行业贷款、地方投资和收取的内含于运价的铁路建设基金构成。铁路贷款将形成巨额债务，而公益性铁路的经营不可能获得正常回报用于还贷，致使债务累积得越来越多，增加了铁路未来的财务风险。

目前铁路企业内部对于公益性的解决办法是实行交叉补贴，用经营性所得利润去弥补承担公益性所造成的亏损。包括铁路局之间的交叉补贴、运输服务项目之间的交叉补贴。在市场经济体制下，作为一个参与市场竞争的服务型企业，铁路运输业仍实行"交叉补贴，内部消化公益性亏损"的方式承担社会职责，并不利于铁路运输业的发展。

公益性运输和追求效益的市场化运输之间的矛盾越来越突出，直接影响到铁路运输企业的盈利水平和绩效评价，如果不能很好地解决，将不利于铁路改革的进一步深入。综合发达国家铁路改革后对铁路公益性补偿的经验来看，我国铁路市场化改革后承担公益性运输或各类特殊运输（抢险救灾、军人和学生、支农物资等）的线路或者企业造成的经济损失应该获得"公益性价格"的补偿，这也是铁路解决历史债务、实现全面深化铁路改革重要的一环。

2. 中央和有关部门对于铁路公益性问题的认识

（1）《意见》对铁路公益性问题的认识。

《意见》以坚持和完善基本经济制度，坚持社会主义市场经济改革方向，坚持增强活力和强化监管相结合，坚持党对国有企业的领导，坚持积极稳妥统筹推进为基本原则，同时特别指出，根据国有资本的战略定位和发展目标，结合不同国有企业在经济社会发展中的作用、现状和发展需要，将国有企业分为商业类和公益类。通过界定功能、划分类别，实行分类改革、分类发展、分类监管、分类定责、分类考核，提高改革的针对性、监管的有效性、考核评价的科学性，推动国有企业同市场经济深入融合，促进国有企业经济效益和社会效益有机统一。

分类推进国有企业改革，一方面要求商业类国有企业以增强国有经济活力、放大国有资本功能、实现国有资产保值增值为主要目标，依法独立自主开展生产经营活动，实现优胜劣汰、有序进退；另一方面，要求公益类国有企业以保障民生、服务社会、提供公共产品和服务为主要目标，引入市场机制，提高公共服务效率和能力。

分类推进国有企业改革，意义在于以科学的管理方式，实现不同类别国有企业的价值和作用。其中公益类国有企业关系社会民生，公益类项目的建设关系人民对国家的认同感，进而影响到国家的国际形象。为加强国有企业对社会效益的贡献，加强服务国家战略，保障国家安全和国民经济运行，必须着力优化公益类国有企业经营方式，优化国家关键行业和自然垄断产业发展前瞻性战略。

（2）国务院对铁路公益性问题的认识与要求。

2013年《国务院关于组建中国铁路总公司有关问题的批复》（国函〔2013〕47号）中第八条指出："建立铁路公益性运输补贴机制。对于铁路承担的学生、伤残军人、涉农物资等公益性运输任务，以及青藏线、南疆线等有关公益性铁路的经营亏损，研究建立铁路公益性运输补贴机制，研究采取财政补贴等方式，对铁路公益性运输亏损给予适当补偿。"需要注意的是，补贴是指由授予机构给予接受者财政资助或者收入或价格支持，从而使其获得利益的政府行为。

政府对铁路公益性的支持主要包括：直接补贴（可视为财政资助）、铁路发展基金（可视为价格支持）、免税（可视为对收入的支持）、特许经营。其中直接补贴、铁路发展基金、免税属于补贴，而特许经营不属于补贴，因此，本书作者认为补偿的概念比补贴的概念更广，在本书中用的是"铁路公益性补偿机制"而不是"铁路公益性补贴机制"。

（3）中铁总对铁路公益性问题的认识。

2017 年 7 月，陆东福在参加全国国有企业改革经验交流会中提到"要扎实做好建立铁路公益性补贴机制的基础和配套工作。主动做好分线成本、收入核算，学生、伤残军人，普通客运、涉农物资，军特专运，灾害紧急救援等公益性运输基础数据积累分析，建立公益性运输数据库，为国家制定铁路相关公益性补贴政策提供依据，并向国家有关部门提出建立公益性、政策性运输补贴制度的建议方案"。因此，铁路的公益性问题是现阶段铁路改革过程中不能再被忽略的重要问题之一。

（4）国家铁路局对铁路公益性问题的认识。

2018 年 5 月 25 日，国家铁路局党组成员郑健在西南交通大学做了"新时代高铁发展战略思考"专题报告会。郑健为铁路改革发展提出了八方面的路径，其中第八个方面指出，铁路改革不进则退，今后将进一步建立现代企业制度，持续推进铁路公司制改革；做强做优做大国有资本，提升铁路企业核心竞争力；完善清算体系，公开清算规则，健全清算平台；推进投融资体制改革，处置债务风险，拓宽资金渠道；完善铁路法律法规，建立公益性补偿、运价定价等机制；健全铁路监管体制，确保铁路运输安全，提升服务质量。

3. 研究意义

公益性是普遍存在的，尤其是以铁路为代表的国家基础设施，其公益性特征更为突出。无论是发达国家还是发展中国家，铁路项目都或多或少地承担着国土开发、消除地区经济发展差距、加强巩固国家统一和民族团结、满足军事需要等非经济性业务。通常，铁路公益性所带来的经营收益难以弥补建设成本和运输成本，加上我国目前铁路规模庞大、路网覆盖面广等因素，我国铁路公益性问题随之不断放大，因此铁路公益性运输补偿机制的建立是我国现阶段全面深化铁路改革亟须解决的问题。

铁路具有公共产品的属性，铁路投资和运营的收益包括铁路自身的经济收益和社会收益两部分，社会收益主要表现在提供铁路运输服务为旅客、货主减少了运输时间，带动了区域经济的发展，为服务业和建筑行业提供了大量的就业机会，带动了地区旅游业的发展，促进了当地房地产业、商业、旅游业的发展等。然而铁路带来的社会收益并不由铁路享有，需要政府提供补贴。因此，研究铁路公益性补偿机制，对于保证铁路普遍服务的有效提供具有重要意义。

通过对铁路公益性补偿机制的研究，在提供必要的铁路公益性补偿的同时，积极引导铁路提高自身运营效率，促进我国铁路的健康、持续发展。同时，能够使中央与地方各级政府加大对铁路公益性补偿的政策支持。

1.2 国内外研究现状

1.2.1 国内外研究综述

长期以来，国内外有不少学者提出了针对铁路产品生产和供给的政策建议，对于铁路公益性问题也有不少理论研究，包括公益性铁路的作用和意义，铁路公益性产品或公益性服务的分类、识别和界定，铁路公益性社会效益的核算，公益性成本与损耗补偿标准，公益性铁路管理方案改善，以及补偿方案提议等。各类研究角度较为丰富，本书将在各章内容中进行一定程度的总结和引用。以下为部分具有代表性的研究。

1. 理论方面

（1）公益概念和特征。

秦晖（1999）先生在《政府与企业以外的现代化：中西公益事业史

比较研究》一书谈道：" '公益' 是一个外来词汇，它是经由西方舶到日本由日本人转译而来，其最初是在日本人冈幸助始的《慈善问题》一书中出现，冈幸助始在书中将西文的 'Public Welfare' 译为 '公益'。"[2]

张江宇（2004），吕振宇、倪鹏飞（2005），张超（2009）等认为，公益性是指出于公共整体利益的考虑，一个团体（家庭、个人或厂商）的行为（服务或产品）使公共集体而非私人个体获得利益，自身没有获得相应补偿[3-5]。

吴新华（2007），李国营（2008），卓高生（2010），林婕、张亮（2010），白列湖（2012）认为，公益性是一种非营利性行为，不以营利为目的[6-10]。

郑大喜（2010）指出，公益性最本质的特点就是最大限度地保证使用者不付费或低付费，而不是把投入与产出作为首要考虑目标[11]。

吴敬琏（2012），孙敏（2015）等认为，公益带来的是公共利益，"公益性" 是 "非营利性" "利他性" "以促进公众福利为宗旨"[12, 13]。

（2）公共产品理论。

Paul A. Samuelson（1954）在文章中提道："公共产品的特征是任何人消费这种物品不会导致他人对该物品消费的减少。"[14]

斯蒂格利茨（2005）在《经济学》中表示，公共产品是这样一种物品，在增加一个人对它分享时，并不导致成本的增长（它们的消费是非竞争性的），而排除任何个人对它的分享都要花费巨大成本（它们是非排他性的）[15]。

吕振宇，倪鹏飞（2005）认为，在准公共产品中，公共性与私人性之间的 "比例" 不固定，准公共产品的一个突出特征是具有拥挤性[4]。

孙敏（2015）认为，铁路能满足国家国防安全、国土开发、社会稳定和民族团结发展需要，就具有了准公共产品的特征，可以认为具有一定的公益性[13]。

（3）外部性理论。

W.J. Baumol，W.E. Oates（1975）在 *The Theory of Environmental Policy* 中认为，不论什么时候，只要某人(比如 A）的效用或生产关系

中含有其他人决定的实际变量，而他人在做决定时并没有特别考虑对A的福利产生的影响，这时候就产生外部性[16]。

大卫·N.海曼（2001）在《公共财政：现代理论在政策中的应用(第六版)》中认为，正外部性是指没有反映在价格中的除买卖双方之外的第三方所获得的收益；负外部性是指没有反映某一产品的市场价格中由买卖双方之外的第三方所承担的成本[17]。

孙敏（2009）认为，和其他运输工具相比较，铁路快捷、安全、大运量，既节能又环保，负外部性极小，正外部性很大，即铁路具有远远超过负外部性的正外部性[1]。

2. 实践方面

（1）非铁路运输业公益性补偿的研究。

吴小莉（2007）认为，我国城市公交线路经营权的分配方式主要有以下两种：直接授权经营和招标授权经营，按线路经营权方式的不同，政府所采取的公交补贴方式也随之变化[18]。

胡建琦（2007）认为，机场作为一种公共品具有外部性，政府应对正外部性造成的亏损进行补贴，并提出了五种方案对民航进行补贴[19]。

庄莹华（2014）认为，我国现行销售电价体系中交叉补贴问题"面广、量大"，通过对我国销售电价交叉补贴水平测算，建议设立电力普遍服务基金和择机试点多费率结构的阶梯电价，减少居民交叉补贴[20]。

刘宏振等认为，由于市场自身的局限性以及环境资源的外部性，生态公益林补偿政策只能由国家担任公益林的主要供给主体。因此，其补偿资金主要来源于国家财政[21]。

（2）国外铁路公益性补偿的研究。

肖克平（1995）等指出，尽管加拿大的国家运输政策是鼓励竞争和市场机制的，但政府仍对服务于公共利益、社会效益很大但企业效益差或无效益（即公益性服务）的运输方式及运输公司提供一定的补贴，并且指出，服务于公益事业的每个承运公司或运输方式对资源、设施和服务等均可得到公平合理的补贴[22]。

刘拥成（2006）指出，美国 Amtrak 公司成立至今，已得到 340 亿美元的政府补贴和资金。美国联邦政府每年向 Amtrak 公司提供投资、补贴以及维护、开发等费用，由联邦铁路管理局（FRA）具体执行，其中用于城际铁路的联邦预算绝大多数用于 Amtrak 公司[23]。

陈娅娜（2013）指出，英国政府对铁路的补贴分为两个部分，一是对铁路路网的补贴，二是对特许铁路运营公司的补贴。对于铁路公司，为避免私有化盲目追求利益，英国政府会给铁路公司补贴，要求其承担社会公益责任。明显无法获利但具有公益性的项目，政府都会进行补贴[24]。

褚珊（2014）指出，瑞典在改革过程中政府本着政企职责分开的原则，采取了一些重要的措施和优惠政策，以支持铁路企业自主经营。主要包括：重组历史债务，政府出资向铁路运输企业购买公益性服务，实行优惠的财政金融政策等[25]。

3. 措施方面

党振岭（2003），陈佩虹、王稼琼（2006）明确了铁路公益性运输的范围，认为铁路公益性运输应按照依法补偿和据实补偿的原则，以税收抵扣和国家财政清算方式予以补偿[26, 27]。

张爱梅（2012）认为，要解决铁路公益性问题，应对公益性运输和经营性运输进行界定，对政府与铁路企业的权责进行界定，要以法律的形式确认公益性补偿的范围和程序[28]。

李璐、欧国立（2014）认为，铁路公益性运输收益损失为按照商业性运输的成本收益率计算的理论平均收益与实际收益的差值，提出了一种铁路公益性运输的收益损失核算方法，并重新划分了铁路公益性运输的范围，提出三级结构的铁路公益性运输划分方法，分析了基于此方法划分的七类公益性运输获取成本与收益的相关数据[29]。

林晓言、徐建平、褚珊（2015）对铁路公益性运输服务的公益性程度进行分类，研究了铁路公益性运输服务亏损单独分类测算的原则和方法，提出了铁路公益性运输服务亏损补贴机制由直接授权经营转向竞争性招投标授权经营的方向，建议我国铁路公益性服务采取直接财政补贴和政策扶持两种补贴方式[30]。

陈小君、宗刚（2015）利用公共选择理论对铁路服务的公益性进行剖析与定位，提出将铁路运输服务对象和服务范围的可分性程度作为其是否具有公益性的判断与定位标准，还认为在实行公益性铁路运输服务的同时也应该考虑铁路行业产权与服务分配机制对其公益性的影响[31]。

4. 法律法规方面

肖克平（1995）指出，1967年加拿大国家运输法（NTA，1967）是加拿大议会对运输业市场的存在所制定的第一部运输法。其规定了对能够产生社会效益但企业效益较差的铁路客运和支线铁路等给予适当补贴的政策。1987年，加拿大议会运输法修订，修订之后的法律依然规定了一系列的补贴政策[22]。

陈娅娜（2013）指出，英国1974年出台的《铁路法案》规定，铁路客运服务作为"公共服务义务"，即使亏损也应该维持，由政府给予补贴。特别是在2000年哈特菲尔德铁路重大事故之后，英国政府提高了补贴金额，用于路网的维修和更新[24]。

左大鹏、左大杰（2014）指出，美国与铁路运输有关的立法经过一百多年的发展，1970年《铁路客运服务法》的颁布实施对解决美国铁路公益性问题起到了关键性作用。主要表现在三个方面：成立了美国国家铁路客运公司（Amtrak），联邦政府补贴Amtrak，地方州政府补贴Amtrak[32]。

方奕（2017）指出，1993年铁路改革前夕，德国针对公益性运输补贴颁布《地方化法》，通过设立地方化专项基金的形式对铁路短途客运进行补贴，以向社会提供充足的运输产品[33]。

1.2.2 现有研究的薄弱环节

从上述研究来看，主要存在以下薄弱环节：① 现有研究对铁路公益性问题进行了零星的研究，系统而深入的研究还比较缺乏；② 其他行业公益性补偿的一些有效方式与铁路领域结合得不够紧密，因而难以发挥预期作用；③ 对某些特定的公益性运输给出的补贴方法还缺乏操作性；④ 对于铁路公益性补偿机制的保障措施的研究不够全面；⑤ 缺乏实践层面的制度性安排。

因此，未来的研究中，还需要具体研究抢险救灾物质运输、支农物资运输、伤残军人运输、无固定收入学生运输、军事运输、特定物资运输等公益性运输项目，以及某些区域或线路的公益性问题解决方案，从而设计出更具有实施性的公益性补偿政策。

本书在现有研究基础上，将探讨铁路公益性理论，论述国内外企业的公益性补偿方式，分析我国铁路公益性补偿现状，建立我国铁路公益性补偿总体框架，分类制定我国铁路公益性补偿方式及方法，并提出相关保障机制，以期为相关决策者提供参考。

1.3 主要研究方法与研究内容

1.3.1 主要研究方法

本书主要以公益性理论知识为指导，采取理论研究与实践分析相结合、历史考察与逻辑分析相结合的研究方法，对问题进行探讨和研究。

首先通过概念性的基本理论对铁路的公益性进行论述，收集了相关学者与行业内专家的理论与意见，同时论证了铁路对我国经济与社会发展的重要作用。为探讨我国铁路公益性补偿机制，通过分析其他国家基础设施产业所采用的运营方法与公益性补偿机制，对比国外铁路改革历程中应对铁路公益性问题的方法与改革成果，为我国铁路改革提供一些理论依据。通过探讨我国铁路公益性问题的现状，发掘我国目前公益性补偿机制中所存在的问题，并对问题一一提出建议。

本书的具体研究思路如图 1-1 所示。

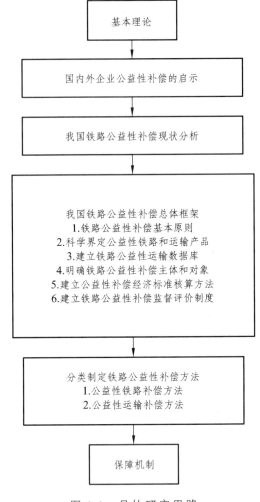

图 1-1　具体研究思路

1.3.2　主要研究内容

1. 各章节内容安排

本书绪论部分简述了我国铁路由于其具有的公益性所带来的问题，根据部分国内外专家学者对铁路公益性补偿政策的建议和研究现状，结合国家发布的相关文件，简要分析了公益性补偿机制的研究依据，探讨了公益性补偿机制研究的背景和意义，系统上为全书的主要研究内容和研究方法进行了铺垫。

第 2 章从公益性概念、公共产品理论和外部性理论等多个理论角度论证铁路交通运输作为国家经济基础设施所具有的公益性，分析目前我国铁路交通的现状。根据经济学理论，验证铁路公益性补偿机制的必要性，初步对我国铁路运输公益性行为做出补偿的必要性进行论证。

第 3 章主要分析国内外运输或非运输行业及相关国家基础设施所面临的公益性问题及解决方法。选取国内外城市公共交通、民航运输及铁路客货运等典型案例进行着重分析，在具体公益性补偿方法及核心思想上为铁路企业提供一定的参考。各国国情有所差别，铁路发达程度不一，但通过探讨国外铁路改革历史、改革特点等，我国铁路改革及铁路公益性问题的处理可以从中获得一定的参考或启示。

第 4 章详细分析我国铁路公益性问题的现状，根据各专家学者的研究整合归纳了公益性运输项目及公益性铁路的具体职能及运输机制。分析我国较为典型的两条公益性铁路 —— 青藏铁路和南疆铁路，结合目前我国铁路公益性问题的解决办法，分析目前铁路公益性补偿机制的实施现状和存在的缺陷。

第 5 章结合目前我国铁路公益性补偿机制的缺陷，提出具有针对性的铁路补偿机制总体框架。分别从铁路公益性的界定，明确铁路公益性补偿主体和对象的责任和义务，建立合理的铁路公益性补偿经济核算方法以及监督、评价机制等方面，探讨我国公益性问题处理过程中需要重视的问题。

第 6 章主要对我国铁路公益性补偿进行初步的定量研究，首先分析铁路公益性补偿标准应考虑的因素；其次，对补偿方案的基本依据进行探讨；再次，对铁路亏损进行定量测算；最后，在此基础上对公益性补偿标准进行定量分析和讨论，结合其他学者的研究成果，制定部分铁路公益性运输项目可推行的初步补偿方案。

第 7 章分析我国铁路的保障机制。现阶段我国铁路公益性补偿需要从顶层设计、思想认识、法律、政策、资金上得到必要的保障。建立正确的铁路公益性问题思想认识，重视并正视铁路公益性问题；分析法律在铁路改革以及铁路公益性问题处理中强制性保障的重要作用；同时还应建立政策保障、资金保障，多方面切入，扩大铁路这一国家名片的影响力，逐步完善铁路改革进程。

第 8 章对本书主要研究内容进行总结，同时提出铁路公益性补偿机制在未来的研究展望。

2．主要创新点

（1）通过调研并参考相关资料，研究国内外多种行业的公益性补偿问题，结合相关补偿处理机制中的优势与弊端，以供我国铁路制定公益性补偿机制参考要素。

（2）通过收集相关数据资料、政策文件与行业内意见评论，探讨我国现阶段公益性补偿机制的实施效果和弊端。

（3）在上述工作基础上，初步提出我国铁路公益性补偿总体框架，并重点论述铁路公益性补偿政策保障机制，以作为我国制定铁路公益性补偿机制的参考。

1.4　本章小结

本章主要分析了我国铁路公益性补偿机制的研究背景，总结了我国铁路改革基本历程，分析了铁路公益性补偿机制的研究意义。参考国内外专家学者对铁路公益性补偿政策的建议和研究现状，根据党和国家发布的相关文件，结合我国铁路改革发展实际，分析了现有铁路公益性补偿机制研究的不足。最后说明了本书的主要研究方法和研究内容。

结合我国现阶段发展状况及国家相关文件，本章认为，在全面深化国有企业改革的背景下，铁路作为国企重要组成部分，关系到国家经济和综合国力的发展，铁路公益性问题是铁路长期以来无法回避的挑战，无论从铁路自身利益上看还是从公益性本质上看，只有处理好铁路的公益性问题，制定科学合理的补偿政策，铁路的未来发展之路才能够更加健康、持续。

第 2 章 铁路公益性：理论探讨

铁路交通运输作为我国重要的基础建设，具有较强的公益性特征。目前有不少学者认为，可以分别从公益概念、公共产品理论、外部性理论三个角度对铁路的公益性质进行论证，同时，也有学者从公共选择理论、地缘政治等方面探讨铁路公益性实质。本章将总结分析相关理论研究，对铁路公益性从多方面、多角度进行探讨。

2.1 从公益概念看待铁路公益性

2.1.1 公益的概念

"公益"是一个外来词汇，在我国传统汉语言体系中并没有"公益"这样的固定用语，它是经由西方舶到日本由日本人转译而来，其最初是在日本人冈幸助始的《慈善问题》一书中出现，冈幸助始在书中将西文的"Public Welfare"译为"公益"。根据《辞源》的解释，公益是指"公共之利益，相对于一个人之私利、私益而言"[34]。

传统的工具书中对公益性的界定相差无几，如《新华字典》释义"公"为"公众、公家"之意，"益"即为"利益"，因此，"公益"是指公众的利益（多指救济、卫生等公众福利事业）;《辞源》对"公益"的解释也是公共的利益，公益性为公共利益的特性，所以也需要对公共利益进行界定。《公共政策词典》将"公共利益"解释为"由国家或社会占有的处于绝对地位的共同利益，但不是某些狭隘或特殊行业的利益"。我国学者则指出，公共利益是一种在特定的社会条件下具有共享特点的共同利益，是能够实现满足人类的基本生存、消费、发展等公共需求的各类资源和条件的总称[35]。

公益具有以下特征：

（1）公益带来的是公共利益。公共利益可以理解为：在特定社会条件下，能够满足人类的生存、享受、发展等公共需要的各种资源和条件的总称，即具有社会共享性的全社会的整体共同利益，不以营利为目的，具有层级性和可变性的价值或有用性。它是国家利益、社会利益、集体利益、私人利益等各种共同体利益的集中体现，是处于最高位阶的利益[36]。

（2）公益是非营利和利他行为。一般而言，公益具有两个本质属性，即非营利性和利他性。公益性是一个与经营性或私利性相对应的概念，是指出于公共整体利益的考虑，一个主体的行为（服务或产品）使公共集体获得利益的同时，自身并没有完全获得相应的补偿。即从成本补偿角度看，可以完全通过市场补偿成本和投资，就具有100%的营利性；必须通过政府补贴才能补偿成本和投资，就带有了公益性[13]。

公益性项目的定义可以分为广义与狭义两种：广义的公益性项目是指为社会大众或社会中某些人口群体的利益而实施的项目，其领域包括政府部门发起实施的农业、环保、水利、教育、交通等项目，也包括民间组织发起实施的扶贫、妇女儿童发展等项目。狭义的公益性项目是由民间组织或个人发起的社会项目，利用民间资源为某些群体谋求利益，创造社会效益。公益性项目能够为社会公共发展提供所需要的资源和有利条件，是国家利益、社会利益、集体利益以及私人利益等共同利益的集中表现。

一般来说，所有的"公用事业"都具有公益性。公用事业也叫公益事业或公共部门。各个国家普遍适用的规定认为，公用事业就是为公众提供服务或产品的组织，公用事业的范围涵盖电力、铁路、天然气、自来水、交通运输、石油石化、供热排水等行业。这些公用事业具有五个特征：资本密集性、产品社会必需性、产品或服务的不可储存性、生产地域相对固定性、与消费者的直接紧密关系性等。

2.1.2　从公益的含义看铁路公益性

世界银行在 1994 年《世界发展报告》中把交通运输设施定义为经济基础设施，认为以道路、铁路、航道或各种客货运输枢纽为主体的基础设施与载运工具一起所构成的交通运输体系，是支撑一国经济、决定该国经济生活水平的前提，是国家最主要的基础产业。

铁路运输作为交通运输基础设施中重要的一环，在各方面具有一定的综合优势。在救急救灾、国防安全与国土开发方面，运量大、运距远、速度快、成本低、受天气影响小等特点使其成为军事力量部署与国防物资调配的重要依托，是国土开发的中坚力量。铁路对所经地区经济飞跃性发展能够起到巨大的推动作用，促进地区之间资源、资金、技术、人才及管理的交流，为地区经济的可持续发展提供有利条件，为工农业生产、人民的基础生活提供保障。在以上分析中，铁路首先表现的是非营利和利他性行为，具有公共利益特质，决定了其具有一定的公益性。

交通运输企业不仅要体现经济效益，而且要注重社会效益。其所提供的产品和服务具有公用性和公益性，为整个社会或某一区域的所有成员共同使用，因而通常被赋予一些公益特性，去承担一定的社会公益义务，具有长期的社会利益。

从经济上考虑，通常认为交通运输产业的产品和服务具有商品属性、沉没成本性、规模效益、互补性与替代性。交通运输提供的服务或产品，需要通过消费公众获得，服务及产品的生产和消费能够同时进行，属于一种服务型商品。前期的资金与劳力成本一旦投入，就无法通过新的决策进行收回，也难以改为其他用途，同时将对新的建设方案产生影响，具有大量的沉没成本。大规模的设施建设能够带动更多产业快速发展，平均成本和边际成本总是随着产量增加而降低，规模越大，生产成本就越低，规模经济非常明显。不同类型的交通运输由于地理建设规划、运输能力的差异，能够也必须相互提供一定程度上的互补与替代，具有互补性与替代性。

从社会效益方面考虑，铁路运输产品和服务为整个社会或某一区域的所有成员共同使用，提高了城市或区域建设的效率，降低了实体与非实体产业的运输成本，以较低的成本对人民的基本生活提供便利性。在特殊时间内，运输产业能够为危急时刻下的救济项目提供快速的转移渠道，为社会带来稳定。因此，铁路运输业被赋予一些公用与公益特性，承担了一定的社会公益义务，能够提供长期稳定的社会利益。

铁路运输作为交通运输产业中重要的组成部分，不仅要体现自身的经济效益，而且要注重社会效益，其提供的社会效益对于国土覆盖跨度大的国家尤为显著。因此，从概念上看，铁路具有一定程度的公益性。

2.2 从公共产品理论看待铁路公益性

2.2.1 公共产品理论

公共产品理论是新政治经济学的一项基本理论，也是正确处理政府与市场关系、转变政府职能、构建公共财政收支、公共服务市场化的基础理论。新政治经济学理论对社会产品进行了严格的区分，认为社会产品可分为公共产品、私人产品。随着理论研究的深入，目前通常认为产品依据公共性的强度，可分为公共产品、私人产品、准公共产品三种。

1. 公共产品

美国经济学家保罗·萨缪尔森 1954 年在《公共支出的纯理论》中首次使用公共产品这一概念，认为公共产品的性质是任何人消费这种物品不会导致他人对该物品消费的减少，并以此区分了公共产品和私人产品[14]。

美国经济学家约瑟夫·斯蒂格利茨则认为，公共产品是这样一种物品，在增加一个人对它分享时，并不导致成本的增长（它们的消费是非竞争性的），而排除任何一个人对它的分享都要花费巨大成本（它们是非排他性的）[15]。

由此可知，不同的人对公共产品的定义不同。通常认为，公共产品具有与私人产品显著不同的三个特征：效用的不可分割性、消费的非竞争性和受益的非排他性。不可分性作为最根本的特征，它使产品不能被分割为多个单位进行买卖，是非竞争性和非排他性的思想根源，这些特征不可能再对公共产品的消费进行收费，因而私人就没有提供这种产品的积极性。

消费的非竞争性，指的是一旦公共产品被提供，任何人对公共产品的消费，并不影响或妨碍其他人同时消费该公共产品，也不会减少其他个人或集团消费该公共产品的数量和质量，即一个人不管是否付费，都会消费而且必须消费这种物品。非竞争性包含两个方面的含义：① 边际生产成本为零，指的是增加一个消费者对供给者带来的边际成本为零，即在增加一个消费者的情况下，供给者根本不需要追加资源的投入，而不是指产量增加导致的边际成本；② 边际拥挤成本为零，每个消费者的消费都不影响其他消费者的消费数量和质量，即这种产品是共同消费的，并且不存在消费中的拥挤现象，因此排除那些能从公共物品消费中获得正效用的人。

受益的非排他性，指的是一旦公共产品被提供，任何消费者对公共产品的消费都不影响其他消费者的利益，受益者之间不存在利益冲突，也不会影响整个社会的利益。具体分析，任何人对产品的消费，都无法从技术上排除他人对该产品的消费，或者排除成本过高，因此不利于排他。由于增加一个消费者不会造成成本的增加，因此也不需要排他。从社会公平的角度看，由于没有造成整体利益的损失，因此也不应排他。由于公共产品在消费上具有不可分割性、非竞争性和非排他性，因而公共产品是一种在财产关系上具有共有性的产品，是一种涉及公共利益的产品。

2. 私人产品

私人产品是与公共产品相对立的概念，它是指在消费过程中具有竞争性和排他性的社会产品。相对于公共产品而言，私人产品只对付费购买它的人提供收益，而其他任何人均不能从中受益，并且它也可以轻而易举地排除拒绝支付其市场价格的人享受其他收益。因此，私人物品的这种市场交换既不会导致正外部性，也不会导致负外部性。

一般情况下，私人物品的每一个生产者都是价格的接受者，不具有价格控制能力。市场上的消费者和生产者拥有完全的信息，生产和消费都依据市场的需求规律自行调节，资源的流动促使市场实现均衡，因而私人产品是由市场竞争提供的，可实现资源的最优配置，以及使生产效率和交换效率达到最大化。

3. 准公共产品

准公共产品介于公共产品和私人产品之间，其"公共性"与"私人性"的比例是可变的，一些产品具有非竞争性但不具有非排他性，一些产品具有非排他性但不具有非竞争性，还有一些产品只在一定条件下才能具有非竞争性和非排他性。

根据公共产品引申出的性质，在一定范围内，在增加一个人对准公共产品的分享时并不会导致成本的增加，但排除一个人对它的分享时将会花费一定的成本，准公共产品的提供者可以从个体对准公共产品的消费中得到一定的收入。准公共产品所提供的利益有一部分可以由其所有者享有，不对其进行消费则不能从中得到；但另一部分可以被他人消费，具有不可分割性。

学界公认，纯粹的公共产品很稀少，大部分是准公共产品，其在一定程度上，在一些方面，具有公共产品的属性。一类准公共产品是自然垄断性公共产品，如基础设施、供水、供电等公共事业；另一类是有效产品，如义务教育、预防保健等。

准公共产品的"公共性"与"私人性"比例可变，在不同的范围内具有不同的性质。"范围"引入了准公共产品的另一个突出特征——拥挤性，即在准公共产品的消费中，当消费者数目从零增加到拥挤点时，就显得十分拥挤（从而使消费的竞争性与排他性大大增加）；在达到拥挤点之前，增加额外消费者而不会发生竞争（此时该产品公共性较强）；当超过拥挤点以后，增加更多的消费者将减少全体消费者的效用[4]。

准公共产品的公共部分决定了其具有的公益性质。一方面，公共部分为外界社会生产与城市建设提供了所需要的资源，同时没有从这部分消费中获得私人利益。另一方面，准公共产品的私人部分虽然能够从使用者的消费中收取费用获得利益，但如果获得的利益远不足以达到运营或维护所需要的支出，也没有获得相应的补偿，那么该私有部分同样提供了部分公益性。

2.2.2　从公共产品理论分析铁路公益性

铁路具有准公共产品特征。由于组成路网的各条铁路地理位置、所处地区经济发达程度和路网完善程度、政治社会意义等不同，不同铁路线路公共性特征的内容、表现及程度等都有所不同。

从铁路线路及设施上判断，我国铁路网错综复杂，覆盖面广，跨度大，部分铁路线具有较强的地域性。通常发达地区铁路网更接近拥挤点，运量相对饱和，铁路运输能够通过收费获取一定收益，因此更具有私人产品属性；欠发达地区、偏远地区铁路线、国防军用铁路线则更具有公共产品属性。根据我国铁路现状，铁路运输大体上划为三类。

第一类，经济发达、人口密度大、路网较为完善地区的铁路，以我国东部地区为主。由于各地之间人员往来频繁，货物运输量较大，易发生拥挤，这些铁路的竞争性较强；虽然受政府控制，价格排他性较弱，但可以通过收费获得回报。这类铁路私人性程度高于公共性程度。

第二类，经济发达程度属中等水平、人口相对集中、铁路线路相对稀少地区的铁路，以我国中西部地区为主，包括连接中部与东部、中部与西部各地的铁路。这些铁路的建设对地区经济的拉动作用很大，经济先行作用突出；初期运量不大，消费的竞争性在一定时期内较弱，但随着经济的发展，一段时间后，可能发生拥挤，从而使得消费的竞争性增强。通常随着时间的推移，这类铁路的公共性逐渐减弱，私人性逐渐增强。

第三类，经济不发达、人口密度小、路网不完善地区的铁路，以我国西部地区为主。由于所经过地区经济水平低下，人烟稀少，这类铁路几乎不发生拥挤。这些铁路的竞争性较弱，通常需要相当长时间，才能达到拥挤点，进而产生竞争性。这类铁路公共性强，私人性弱。

从运输上判断，铁路运输中货运与客运均具有准公共产品的属性。从铁路运输主体考虑，由于铁路运输能力较大，在未达到拥挤点时，乘客量的增加或货物量的增多并不会影响其他主体利益的享用，也不会导致运输成本的增加，因此具有非竞争性；旅客不买票或货主不付费就不能享有服务，因而运输产品具有排他性；政府对铁路运价的管制，使消费者实际支付费用远低于支付意愿，从而使得铁路运输产品的价格排他性弱化；运输产品的竞争性随着拥挤度的变化而变化，达到拥挤点后，将会出现消费主体无法享用产品或服务的情况，同时过多地开行班列可能导致运输网整体运输效率的降低，排他性增强。因此，可以认为铁路服务既有公共性又有私人性，属于准公共产品范畴，但不同地区、不同时期，其产品的公共性程度有所不同。

作为国家的基础行业，铁路运输业应满足社会工业和经济发展的需要，还应满足国家国防安全、国土开发、社会稳定和民族团结的需要，这就导致铁路融入了公共利益特征的内容和含义。因此，具有满足国家国防安全、国土开发、社会稳定和民族团结发展需要的铁路就具有准公共产品的特征，可以认为具有一定的公益性。

2.3　从外部性理论看待铁路公益性

2.3.1　外部性理论

英国剑桥学派的阿尔弗雷德·马歇尔在 1890 年发表的《经济学原理》一书中首先提出"外部经济"的概念。在马歇尔看来，除了以往人们多次提出过的土地、劳动和资本这三种生产要素外，还有一种要素，这种要素就是"工业组织"。马歇尔用"内部经济"和"外部经济"这一对概念来说明第四类生产要素的变化如何能导致产量的增加。

20 世纪 20 年代，剑桥经济学家庇古在其著作《福利经济学》中进一步研究和完善了外部性问题，从"外部经济"概念扩充到了"外部不经济"的概念和内容，将外部性问题的研究从外部因素对企业的影响转向企业或居民对其他企业或居民的影响。由于外部性理论在经济学中的地位十分重要，之后，许多现代经济学家对外部性问题的内容不断进行深入的研究和丰富。

不同的经济学家对外部性给出了不同的定义。目前较为认可的外部性理论归结起来大致分为两类，一类是从外部性的产生主体角度来定义，另一类则是从外部性的接受主体来定义。根据萨缪尔森和美国经济学家威廉·诺德豪斯的理论，"外部性是指那些生产或消费对其他团体强征了不可补偿的成本或给予了无须补偿的收益的情形"。另一些经济学家认为，外部性是用来表示"当一个行动的某些效益或成本不在决策者的考虑范围内的时候所产生的一些低效率现象，也就是某些效益被给予，或某些成本被强加给没有参加这一决策的人"。上述两种不同的定义，本质上是一致的，即外部性是某个经济主体对另一个经济主体产生一种外部影响，而这种外部影响又不能通过市场价格进行买卖。

外部性可以分为正外部性和负外部性。正外部性就是指某个经济主体的一项经济活动对社会上其他成员产生好处，但他自己却不能从中得到补偿，该经济主体从其经济活动中所得到的私人利益小于该经济活动所带来的社会利益。反之，当某个经济主体的一项经济活动对社会上其他成员带来损害，他又没有弥补别人所受的损害，则该经济主体为其经济活动所付出的私人成本小于该经济活动所造成的社会成本，这种性质的外部影响被称为负外部性。

外部性还可以分为技术外部性和金钱（货币）外部性。技术外部性指一个人的消费活动会影响他人的生产和消费水平，但是不通过市场机制起作用的外部效应；金钱（货币）外部性则是指通过价格体系起作用的外部效应，一个人的生产和消费行为会影响市场中某种产品的价格。外部性概念通常是指技术外部性。

通常所指的外部性，其产生的不是某种单纯的物理上的影响，还有某种福利影响，这种福利影响，无论是利益还是损失，都是不需要支付代价的。当外部性出现时，产品的价格并不等于该种产品所带来的边际社会收益。外部性通常是一种经济活动的副作用，带有偶然性和附加性，并非经济活动的主导作用，也不是有意识造成的影响。根据外部性理论可以认为，产生正外部经济效应的行为可看作公益行为，具有正外部性的产业也具有公益属性。

铁路的公益性来源于其较强的正外部性，经济学理论认为，一般正外部性在政府作为提供者的条件下才能充分显现出来，但是如果产品的提供者是私人，会将这些外部性内化为内部性，如果内化后无法得到补偿，则会选择牺牲外部性的行为。即如果正外部性得不到足够的补偿，整个社会的资源配置状况不会处于最优状态，无法实现资源配置效率最大化。

2.3.2　从外部性理论分析铁路公益性

铁路与其他运输工具相比，具有快捷、安全、大运量的特点，既节能又环保，负外部性极小，正外部性很大，即铁路具有远远超过负外部性的正外部性。

第一，铁路能够降低其他行业的生产成本，提高生活水平。由于铁路的低成本运输，可以使相关产业的要素价格降低。第二，铁路能够拉动经济增长，优化产业结构。第三，铁路通过国土开发拓宽了社会交往和文化交流。第四，铁路一直是政治与军事的主要服务者，是国防等公共产品的重要组成部分，良好的铁路系统使国家能够更有效地保卫国土，也可以提高国家和民族的凝聚力。第五，铁路是基础产业，是现代国家和地方经济社会运转不可缺少的重要组成部分，是血液和命脉，具有很好的社会效益。

相比建设和运营成本，铁路运输能够带来更大的社会经济效益，这种经济效益是铁路所能创造的所有经济价值的总括，既包括铁路企业由于提供运输服务而直接创造的市场价值，又包括铁路"外部性"所带来的价值。

然而，对于通过铁路运输实现的区域建设或相关产业的发展，以及铁路执行特定的公益性运输项目带来的收益，铁路行业无法或难以获得相应的报酬。一部分价值限于铁路作为公共基础设施自身的性质，运输价格必须管制，不能完全通过向铁路运输需求者收取费用而获得回报，部分价值转为消费者剩余。而另一部分价值由于受益者往往不是铁路服务的直接使用者，难以通过市场准确定价，或者受益面太大、收费的交易成本太高等原因，难以获得合理的回报。因此，那些出于政府要求的，具有明显的国民经济效益和社会效益，非经营原因出现亏损的铁路投资项目都应被视为公益性铁路。

铁路所表现的上述正外部性，使其不可排他地被共同使用，铁路系统的行为使其他人和厂商得到好处，而铁路系统没有获得相应报酬，体现了铁路的公益性。结合公共产品理论分析，从第一类铁路到第三类铁路的公益性外部性逐渐加大，也可以说公益性逐渐增强。

2.4 铁路公益性的其他理论依据

随着我国经济建设的飞速发展，高速铁路开始逐渐兴起，与既有铁路相比，高速铁路具有一些差异。同时，2013 年铁路政企分离后，国家开始鼓励社会资本进入铁路建设，铁路资产组成发生变化。毫无疑问，目前我国的铁路运输业被赋予了一些新的特点，仅仅根据以往的理论，无法完善地诠释我国铁路的公益性，难以为我国铁路公益性补偿机制的建立提供有效的理论依据。因此，有学者又从其他理论角度对我国铁路的公益性进行了分析。

2.4.1 从公共选择理论看待铁路的公益性

公共选择理论认为，人类社会由两个市场组成，一个是经济市场，另一个是政治市场。在经济市场上活动的主体是消费者（需求者）和厂商（供给者），在政治市场上活动的主体是选民、利益集团（需求者）和政治家、官员（供给者）。在经济市场上，人们通过货币来选择能给其带来最大满足的私人物品；在政治市场上，人们通过政治选票来选择能给其带来最大利益的政治家、政策法案和法律制度。前一类行为是经济决策，后一类行为是政治决策，个人在社会活动中主要做出这两类决策。

该理论进一步认为，在经济市场和政治市场上活动的是同一个人，没有理由认为同一个人在两个不同的市场上会根据两种完全不同的行为动机进行活动，即在经济市场上选择追求自身利益的最大化，而在政治市场上则是利他主义的，自觉追求公共利益的最大化；同一个人在两种场合受不同的动机支配并追求不同的目标是不可理解的，在逻辑上自相矛盾。这种政治经济截然对立的"善恶二元论"无法成立。

根据理论，公共选择的定义即指在市场经济条件下，以个人利益最大化为内在动力，通过民主程序投票等实现的对公共经济的理性决策。公共选择的过程即是个人偏好向社会偏好转化的过程。

公益性铁路在经济上为铁路自身带来了直接损失，但铁路的公益性也往往为国家发展带来了社会效益。从公共选择理论上分析，个人的选择应该以个人利益最大化为动力，当个人选择向社会选择转化时，则应以社会效益最大化为目的。我国铁路关系着国家的长远发展，因此铁路的规划与建设在当下或未来理应为国家带来社会效益，公益性由此可以体现。

进一步探究，公共选择应实现的是利益的最大化，因此铁路的公益性问题可以表述为，铁路运输服务的公益性作为政府行为在铁路产业中的正当性体现，其应当在何种条件或情况下由政府供给，应从公共选择理论及立宪决策过程中的个人偏好与决策出发，假设个人均可以就其认为是公益性的铁路运输服务做出选择，这种选择可以被归结为对全部备选对象预期成本与收益的现值的评价比较结果。

有学者认为，铁路的公益性服务本质是个人偏好与国家利益在社会契约层面所达成的结果。个人或企业组织显然无法建设投资巨大、周期长、运营成本高的铁路（尤其是国土开发型铁路，如青藏铁路等），那么按照个人与国家之间存在的契约关系，应由政府及其相关部门来负担铁路建设运营的职责，以满足个人利用铁路保障自由迁徙与基本出行的权利，同时个人也需要为此承担缴纳赋税的义务。这样的社会契约结果就决定了铁路在实现其基本运输功能的同时，必须要坚守公益性服务的底线，划定其公益性服务的程度，并得到相应的财政补贴来负担公益性所造成的损失。

综上，从公共选择角度上分析，以立宪决策过程中个人偏好为分析起点，以个人与国家签订社会契约为研究视角，坚持铁路运输服务的公益性本质，对完善铁路运输服务公益性理论分析进行必要的拓展[31]。同时，以公共选择理论为契机，根据个人选择具有追求利益最大化的特征，为公益性补偿机制提供一些参考。

2.4.2　从地缘政治学看待铁路公益性

地缘政治学的主要内容之一即研究地理和政治之间的关系，根据资源、贸易、市场、运输线、领土、海洋等关键地理要素，分析地理对政治、社会利益、国家安全等方面的影响。交通运输对于地缘政治有着重大的影响，如今随着科学技术的不断发展，凭借方便快捷的交通工具，世界越来越呈现"地球村"的格局，人与人的直接交流更加密切，世界相互之间的联系越来越紧密。航空、航海与陆路交通促进了国家各个方面的交流，国家的地缘政治环境也因此不断发生着极大的变化。

就国际而言，我国铁路网与周边国家逐渐相连，有利于亚欧大陆交通运输网络的完善，促进亚欧大陆经济体的整合，进而为内陆国家经济发展提供空间和加入经济全球化过程的机遇，大大改变部分发展中国家的境况，必然受到这些国家的欢迎。我国作为主导铁路网络规划及建设的国家，有利于在铁路领域推行中国标准，从而拥有更多重要的话语权，同时对于相关区域经济的合作和人员交流起到重大作用，也为我国的地缘政治安全提供了保证。

就国内而言，近年来我国西部地区开始大力规划建设铁路网。铁路尤其是高速铁路技术的成熟和发展，可以政府投资为主导，通过国际及政府政策的扶持以及便利的交通运输，使中西部地区也能得到发展机遇。高速铁路的建设也从时间上拉近了西部与东部的主客观距离，为国家经济发展"向西"开放提供交通运输有力支撑，从而使我国东西部地区协调发展成为可能。我国铁路发展，尤其是高速铁路发展给国家经济发展带来极大的优势，同时也对我国国力提升、增强民族自信心有着不可替代的作用。

从地缘政治上分析，我国铁路网的规划及建设具有极高的外部性效应，我国铁路的发展将使亚欧板块内部直接密切往来成为可能，而目前高速铁路的发展可以改变横亘在亚欧大陆区域之间的空间和时间的距离隔阂，亚欧大陆上的国家之间的联系和发展必然为这块大陆带来全新的经济和社会发展动力。随着铁路网络的逐步规划与建设，我国的地缘政治在陆权上必将得到巨大的改善，高速铁路和既有铁路对我国的作用无论是从国际影响上看还是国内发展形势上看，均具有无法替代的促进效应。从这一方面而言，铁路在一定程度上具有公益性属性。

2.5 铁路公益性补偿机制的经济学理论

从公共产品以及公共服务方面来谈，结合公共产品理论和外部性理论，公共产品使得本地区外和那些并没有为这些产品或服务做出贡献的人也得到收益，这是一种社会整体效益，具有效益外溢性质。公共产品和公共服务是极其重要的。

日本学者大岛国雄和角本良平认为："在公共性和企业性上，应该将'作为目的的公共性'和'作为手段的企业性'相互联系起来加以认识。""当为达到目的而破坏达到目的的手段时，目的的实现就变得不可能。"所谓铁路交通的"公共性"可看作是外部性效益的典型表现形式，外部性内化后的管理模式则与企业自身的行为直接相关。内化的管理模式如果选择牺牲外部性，则会与"公共性"目的形成冲突，必然需要有效的措施避免冲突和矛盾，尤其是目前铁路改革大环境下，无论是遗留的债务问题还是公益性带来的亏损问题，均不能完全交由铁路系统独自面对[27]。

通常认为，公共产品应该由政府提供，政府有能力以低于私人组织的成本有效解决外部性问题，因此就成了公共产品提供的适合人选。但是，如果政府对越来越多的经济活动进行干预、规制以及生产，整体规模过大，制度安排的效用递减和传统官僚体制的内在弊病会使管理效率急剧下降，自身无法有效地提供公共物品。因此，完全由政府进行公共产品的生产是不可靠的。现实生活中的多数公共产品其实是准公共产品，也就是说这类产品在带来巨大社会效益的同时也能带来一定的私人效益，因此，准公共产品的管理可以更加多元化，准许市场作用以提升经济效率。

公共产品完全由政府负责具有一定的弊端，但也不能完全托付于市场机制自行调节。对于私人而言，通常情况下，这些公共产品或服务并不能提供与成本支出相抵的适当报酬，这不符合个人应追求利益最大化的思维逻辑，即如果公共产品或服务由私人承担，由于公共产品的非排他性理论，个人无法解决"搭便车"问题，导致市场机制失灵，私人为追求自身利益的最大化，必须将损失降到最小，采取的措施只有减少甚至停止公共产品的提供，直至其个人实际获得的私人利益达到期待获得的私人利益为止。虽然以上行为最终达到了市场均衡状态，但实际上社会效益却下降了，这样一个状态是具有改进空间的，有必要通过一定的方法使双方的利益均达到一个更优点。

意大利经济学家帕累托在其《政治经济学教程》（1906）中考察了一般均衡状态下市场经济的含义，并提出了一种社会最大满足的标准，即"帕累托最优"，提出了社会福利增进的方法。根据西方经济理论，由于存在"市场失灵"，市场机制难以在一切领域达到帕累托最优，特别是在公共产品方面。按照公共财政理论，政府最重要的职能是提供公共产品，即政府是提供公共产品的责任主体，政府提供公共产品的实际做法可以是直接对公共产品进行投资，如果政府不直接提供公共产品，而由企业提供，则需要政府予以补贴，以便政府承担提供公共产品的义务。

帕累托最优也称帕累托效率（Pareto Efficiency），是博弈论中的重要概念。帕累托最优是指资源分配的一种理想状态。假定在固有一群人和可分配资源的前提下，既有资源从一种分配状态到另一种状态变化时，在没有使任何人境况变坏的前提下，使至少一个人变得更好，这种状态称为帕累托最优。当达到帕累托最优的状态时，就不可能再有改进的余地，进一步的改变将会造成任意一方的利益受损。通常认为，帕累托最优状态是一种公平性和效率最理想的状态。

帕累托最优回答的是效率问题。从社会福利角度出发，用效率来评价总体经济运行有其合理性，因为如果资源配置未达到帕累托最优，经济资源也就没有得到有效利用。应通过一定的改进方法，使一些人的境况得到改善的同时没有人会利益受损，也就是说，通过一种恰当的分配或补偿措施，能使所有人的境况有所改善，社会福利总量得到提升。

帕累托最优并非整体效益的最大化，因为要实现整体效益的最大化，可能会存在牺牲私人利益的情况。同时，市场自发达到的均衡也不是帕累托最优，此时经济资源未得到有效利用，总存在着改进的可能，那政府就可以承担这个过程中资源配置的角色。

综上，公益性服务作为公共产品，虽然能为社会带来整体利益，但私人是没有投资兴趣的。为解决这一博弈问题，政府应发挥其能动性。铁路运输产业（尤其是我国铁路）这类典型的准公共产品，由于其建设投入大，空间覆盖广，给国家各方面建设带来极大的社会效益，需要国家及政府作为主导，以补偿的方式调控资源配置，使铁路产出的社会整体利益与铁路企业自身利益处于一个更优的状态。

2.5 本章小结

结合相关文献，本章首先从公益性概念、公共产品理论和外部性理论等多个角度论证了铁路交通运输作为国家经济基础设施所具有的公益性；其次，本章从公共选择理论和地缘政治方面探讨了铁路重大的社会价值；最后，探讨了我国铁路运输公益补偿的经济学理论。

本章从公益自身的概念出发，对铁路是否具有公益性进行了分析，并根据公共产品理论和外部性理论对铁路公益性进行了界定。认为铁路在一定条件或一定范围内具有公益性特征，这种具有公益性特征的客货运输产品，具有极强的正外部性，属于公共产品或准公共产品，该类产品由于运价的管制或运量的不饱和等导致收入低于成本，而铁路运输企业又无法放弃该亏损业务。

本章从公益概念和公共产品理论等方面论证了铁路的公益性，铁路企业的公益性使其收不抵支，降低了铁路企业的经营效率。本章建议，政府应对铁路公益性承担责任，对铁路企业进行一定的补偿。

第3章 公益性补偿机制：实践综述

按照世界银行报告的定义，基础设施主要包括交通运输，机场、港口、桥梁、通信，水利及城市给排水，供气、供电设施和提供无形产品或服务于科教文卫等部门所需的固定资产。根据上一章的理论分析，各类基础设施产业的运营机制在一定程度上具有共性，不同基础设施产业的公益性补偿政策可以相互借鉴或作为政策制定和调整运营模式的参考。铁路运输属于典型的国家基础设施，本章将分析国内外铁路系统或非铁路运输的其他类型基础设施产业公益性补偿机制的具体实施情况，为后续我国铁路公益性补偿机制的建立提供切入点和前置研究。

3.1 国内外非铁路运输业公益性补偿机制综述

国内外城市公共交通运输业、民航运输业与铁路运输业都属于交通运输产业，具有较大的相似性，在公益性补偿机制方面比较完善，在法律法规、相关利益者（政府、企业）界定与职能划分、补偿标准和评价体系等方面具有丰富实践。其他基础设施产业如林业、供电产业、给排水等具有更多的公益属性成分，在运营与补偿机制上具有较为显著的特点。对以上基础设施产业进行探讨，能为我国建立铁路公益性补偿机制提供一定的借鉴。

3.1.1 城市公共交通公益性补偿综述

城市公共交通是城市基础设施的重要组成部分，它承担着政府在城市客运中社会服务的职责，公益性是其根本属性。需要加大城市公共交通基础设施建设，对公共交通进行补偿扶持，保证其作用的最大化。

1. 国外公共交通公益性补偿综述

世界各国城市化、机动化进程加快，城市交通问题日益凸显，在不断的探索和实践中，"公交优先"成为解决城市交通问题的战略选择。公交补贴是落实公交优先发展战略的关键环节之一，为支持公共交通事业顺利发展、保障公交优先战略实施，各国在相关立法上先后制定了各种公交补贴法律法规和公交财政税收政策，从而确保了公交优先发展的政策体系。

（1）美国公共交通公益性补偿。

美国联邦政府在 1964 年通过《城市公共交通法》，提出拨款扶持各地交通规划，最高款项高达总费用的 2/3。1970 年，《城市公共交通扶持法》规定，公共交通获得道路权，开辟公共汽车专用道或优先通行道。在 1974 年能源危机爆发后，国会批准对公共交通的公共拨款和经营性补贴。1991 年，《综合地面交通效率法》提出限制私人小汽车、鼓励公共交通发展的政策。1998 年《21 世纪交通平衡法》鼓励城市公共交通的研发工作。2005 年，《交通授权法》替代了《21 世纪交通平衡法》，规范了联邦政府在公共交通、公路安全、车辆安全、交通环境污染等项目的总体指标、资金预算分配原则及相关事项[37]。

为鼓励和引导人们乘坐公交车，美国政府向车主加收小汽车牌照税、驾驶执照税和停车费，每加仑汽油多收 0.18 美元，其中的 0.06 美元计入公共交通建设基金。洛杉矶还向市民收取 0.5% 的零售税用于发展公共交通。

美国公共交通财政补贴的资金主要来自两个方面：政府专项拨款和公交基金。美国政府每年将汽车燃油税的一定比例金额投入交通基金，从而保证补贴资金有了固定的来源。公共交通企业只需要缴纳材料、物资购买税，不需要缴纳其他税费及营业税。

此外，美国大多数的州政府会通过发行债券来为公交基础建设融资，并积极推进 BOT（Build-Operate-Transfer）、TOT（Transfer-Operate-

Transfer）、PPP（Public-Private Partnership）等模式实现社会集资。此外，美国政府还将发布广告、经营房产等其他途径获得的收益用以支持公交系统的营运。

（2）法国公共交通公益性补偿。

法国拥有非常发达的城市公共交通系统，各级政府对公共交通高度重视，把城市公共交通摆在优先发展的重要战略位置上，并作为长期不变的目标，以法律形式给予保障。政府根据市场的发展对公共交通的运营模式进行了改革，促进服务和经济效益的提高。

第二次世界大战结束后，法国的公共交通以私人经营为主，但经营经济效益不好，服务水平低，因此私人小汽车迅速发展。1973 年，政府将公共交通改为国有经营，并加大补贴力度，公共交通得到迅速发展。此后法国公共交通一直由国有企业垄断经营。2004 年后政府开始下放权力，较少干预公交企业具体的经营。为了保障大多数人的交通出行需求，法国一直实行低票价政策，公共交通票价由地方政府每年审定一次，上涨幅度控制在财政部和住宅装备交通部指导限定的范围内。

法国通过低票价制度鼓励公民乘坐公共交通出行，票价收入仅仅达到了企业运动成本的 1/3 左右，因此造成的缺口，政府主要通过以下方式进行补贴。

① 法国政府根据《公共交通法》向全国所有企业征收交通税，并将税收用来设立公交专项基金，以此保证公共交通财政补贴来源的稳定性和可靠性。这项措施大约为公交企业提供了其营运总成本 40%的资金。

② 法国政府对 10 万人以上的城市中职工人数超过 9 人的企业职工征收交通费，费额以工资的一定比例计提，范围为 1.2%至 2%。以巴黎为例，该项交通费占到工资总额的 2.5%，这笔资金由法国交通管理委员会支付给公交公司。

③ 一些地方政府通过采取多样的地方性措施来鼓励企业员工以公共交通方式出行。例如，巴黎市政府规定，企业应该对购买公共交通汽车月票的职工补贴 50%的相关费用。

（3）新加坡公共交通公益性补偿。

新加坡政府对公交企业通常不提供财政补贴，主要采取优惠政策的方式进行扶持。一是提供低价租用。公交枢纽和终点站的租金显著低于周边水平，以缓解公交企业在租用土地方面的压力。二是优惠购车政策。该政策包括免拥车证费用，减免车辆进口税 50%，减免公共交通车辆附加注册费，仅为市场指导价的 5%（其他车辆为市场指导价格的 110%）。三是政府投入资金建设非接触式智能卡系统。四是社会共同助贫。公交运营公司通过为贫困家庭发放乘车代币券的方式帮助应对资费上涨。五是给予企业较大自主权。企业可以通过推行一卡通、优化公共交通线网、实行无人售票等方式实行智能化管理，从而不断降低成本。

此外，新加坡政府还通过强制设立燃油平准基金帮助企业应对燃油价格波动对企业收入造成的不利影响。1992 年起，新加坡政府要求所有的公共交通企业都要设专用账户来设立燃油平准基金。基金从企业收入里提取，每年累积，直至达到预定标准。当实际燃油采购价格低于参考油价的时候，差额部分注入基金；高于参考油价时，可利用基金来缓解燃料价格短时上涨的压力。

（4）日本公共交通公益性补偿。

日本公共汽车线路多而复杂，大多数公共汽车以铁路站点或重要地点为换乘站，东京都中心的巴士以都营线路为主，设有里程长路线、短程接驳线路和几条旅游观光巴士路线，东京都中心以外的巴士则主要由私营铁路者兼营。

日本的行政体系分为中央、都道府县及市町村三级政府体制，在租税体系上分成国税与地方税。中央政府以补助金、负担金、交通付金及委托费等补助地方政府。日本政府对汽车客运路线的补贴主要为亏损补贴与购车补贴，其制度是将全国大多数地区划分为十多个营运分区，每个分区内以合并或转让的方式，使一家或两家客运公司营运，此为第一类整合范围；其他未实行此种分区制度的地区则归类为第二种整合范围[38]。

除营运范围分类外，汽车客运路线也被分为三种，第一种路线为当地居民生活所必需的客运路线，由客运企业自行设法维持营运，政府不予补贴；第二种路线为每日班次少于 10 车次、平均每班次载客 5

至 15 人，且经营支出高于经营收益的当地居民生活所必需的客运路线，由政府出资进行亏损补贴与车辆更换的购车补贴；第三种路线则为每班次载客数少于 5 人的当地居民生活所必需的客运路线，中央政府仅补贴该路线客运企业的亏损。另外，为使停驶的第三种路线的接替营运顺利进行，政府也对接替营运者实行相关补贴措施。

日本的公共交通补贴方式多样，除了前期的公共交通基础设施建设补贴外，还会对后期公共交通运营商进行不同方式的财政补贴，如利息补贴、低息贷款、财政贷款等。日本政府注重对乘客的交通补贴，鼓励公司加大对员工交通补贴的力度。在东京，交通补贴是公司支付给员工的一项标准福利，每月交通补贴足够支付员工从居住地到工作地点的公共交通费用。此外，东京政府还为使用公共交通的通勤者提供免税的出行补贴等。东京通过扩大显性补贴范围，对前期基建投入、后期公交企业经营免税等阶段性差异化补贴，实现了公共交通盈利。

2. 我国公共交通公益性补偿综述

我国公交补贴随着公交管制政策同步实施，在 1950 年主要以政府购买服务为主，补贴形式单一，重点针对学生、老年人等给予半价优惠。其发展阶段同美国的公交政策类似，分为三个阶段。

第一阶段：1989—2001 年，补贴起步阶段。此阶段公交开始实施放松管制政策，民营企业大量进入公交市场，政府对公交企业的亏损补贴逐步减少，全国公交补贴额由 1995 年的 26 亿下降到 2001 年的 6.7 亿元。

第二阶段：2002—2009 年，补贴快速增长时期。政府开始实行公共交通专营权制度，明确了公共交通行业的特许经营管理制度，同时各地方政府给予国有企业大量财政补贴，从 2002 年至 2009 年，全国公交亏损补贴金额由 13 亿元增加至 130 亿元。

第三阶段：2010 年至今，为补贴的平稳增长时期。公交优先发展政策逐步落实，公共交通基本实现国有主导及国有控制，部分城市在补贴机制上尝试以人公里等方式给予财政补贴，补贴形式多样化。

我国公共交通补贴在很大程度上依赖于中央政府和地方政府的相关文件，如《关于加快市政公用行业市场化进程的意见》《市政公用事业特许经营管理办法》《关于优先发展城市公共交通意见的通知》《关于优先发展城市公共交通若干经济政策的意见》《国务院关于城市优先发展公共交通的指导意见》，以及各地方政府出台的关于优先发展公共交通的指导意见。各政府文件明确了政府补贴公共交通的范围和原则，如表 3-1 所示。

表 3-1　我国公共交通政府补偿政策

时间	政策文件和公益性内容
2004 年	《关于优先发展城市公共交通的意见》：对城市公共交通企业承担社会福利（包括老年人、残疾人、学生、伤残军人等实际免费或优惠乘车）和完成政府指令性任务增加的支出，应予经济补偿
2005 年	《国务院办公厅转发建设部等部门关于优先发展城市公共交通意见的通知》：鼓励社会资本包括境外资本以合资、合作或委托经营等方式参考公共交通投资建设和经济参与公共交通投资、建设和经营。推行特许经营制度
2006 年	《关于优先发展城市公共交通若干经济政策的意见》：城市公共交通的投入要坚持以政府投入为主。城市公共交通发展需纳入公共财政体系，建立健全城市公共交通投入、补贴和补偿机制
2007 年	《城市公共交通条例（草案）（征求意见稿）》：城市公共交通是公益性事业，城市人民政府应对城市公共交通企业因实行低票价、月票及老年人、残疾人等减免票措施形成的政策性亏损给予补贴
2012 年	《国务院关于城市优先发展公共交通的指导意见》：对实行低票价、减免票、承担政府指令性任务等形成的政策性亏损，对企业在技术改造、节能减排、经营冷僻线路等方面的投入，地方财政给予适当补贴补偿
2013 年	《国务院关于加强城市基础设施建设的意见》：加强城市道路交通基础设施建设。确保政府投入，推进投融资体制和运营机制改革
2015 年	财政部、工业和信息化部、交通运输部联合发出通知，为进一步加快新能源汽车推广应用，经国务院批准，从 2015 年起对城市公交车成品油价格补助政策进行调整。增加新能源公交车运营补助，纯电动公交车一辆每年补助 4 万元至 8 万元；插电式混合动力公交车补助 2 万元至 4 万元；燃料电池公交车补助 6 万元。补助资金应当专款专用，全额用于补助实际用油者和新能源公交车的运营，不得挪作他用

"十二五"期间，免征城市公共交通企业新购置公共汽（电）车的

车辆购置税，依法减征或者免征公共交通车船的车船税，落实对城市公共交通行业的成品油价格补贴政策，对城市轨道交通运营企业实行电价优惠。合理界定补贴补偿范围，对实行低票价、减免票、承担政府指令性任务等形成的政策性亏损，对企业在技术改造、节能减排、经营冷僻线路等方面的投入，地方财政给予适当补贴补偿，确保补贴及时足额到位。拓宽投资渠道，保障公共交通路权优先，鼓励智能交通发展。建立持续发展机制，完善价格补贴机制，综合考虑社会承受能力、企业运营成本和交通供求状况，完善价格形成机制（见专栏 3-1）。

【专栏 3-1】 关于完善城市公交车成品油价格补助政策加快新能源汽车推广应用的通知

根据 2015 年《关于完善城市公交车成品油价格补助政策加快新能源汽车推广应用的通知》（财建〔2015〕159 号），通过完善城市公交车成品油价格补助政策，进一步理顺补助对象和环节，加快新能源公交车替代燃油公交车步伐。一方面还原燃油公交车的真实使用成本，遏制燃油公交车数量增长势头，另一方面调动企业购买和使用新能源公交车的积极性，鼓励在新增和更新城市公交车时优先选择新能源公交车，推动新能源公交车规模化推广应用，促进公交行业节能减排，为大气污染防治做出贡献。通知提出了以下政策措施：

三、政策措施

（一）调整现行城市公交车成品油价格补助政策。

1. 现行城市公交车成品油价格补助中的费改税补助作为基数保留，不做调整。2015—2019 年，费改税补助数额以 2013 年实际执行数作为基数予以保留，暂不做调整。

2. 现行城市公交车成品油价格补助中的涨价补助以 2013 年作基数，逐年调整。2015—2019 年，现行城市公交车成品油价格补助中的涨价补助以 2013 年实际执行数作为基数逐步递减，其中 2015 年减少 15%、2016 年减少 30%、2017 年减少 40%、2018 年减少 50%、2019 年减少 60%，2020 年以后根据城市公交车用能结构情况另行确定。

（二）涨价补助数额与新能源公交车推广数量挂钩。

2015—2019 年，城市公交车成品油价格补助中的涨价补助数额与新能源公交车推广数量挂钩。其中，大气污染治理重点区域和重点省市（包括北京、上海、天津、河北、山西、江苏、浙江、山东、广东、海南），2015—2019 年新增及更换的公交车中新能源公交车比重应分别达到 40%、50%、60%、70% 和 80%。中部省（包括安徽、江西、河南、湖北、湖南）和福建省 2015—2019 年新增及更换的公交车中新能源公交车比重应分别达到 25%、35%、45%、55% 和 65%。其他省（区、市）2015—2019 年新增及更换的公交车中新能源公交车比重应分别达到 10%、15%、20%、25% 和 30%。达到上述推广比例要求的，涨价补助按照政策调整后的标准全额拨付。未能达到上述推广比例要求的，扣减当年应拨涨价补助数额的 20%。新能源公交车推广考核具体办法由工业和信息化部、交通运输部、财政部另行制订。

（三）调整后的城市公交车成品油价格补助资金由地方统筹使用。

调整后的城市公交车成品油价格补助资金由地方统筹用于城市公交车补助。各省（区、市）财政、工业和信息化、交通运输等部门根据本地实际制定具体管理办法。城市公交车补助问题由地方政府通过增加财政补助、调整运价等方式予以解决，确保公交行业稳定。

（四）中央财政对完成新能源公交车推广目标的地区给予新能源公交车运营补助。

为加快新能源公交车替换燃油公交车步伐，2015—2019 年期间中央财政对达到新能源公交车推广目标的省份，对纳入工业和信息化部"新能源汽车推广应用工程推荐车型目录"、年运营里程不低于 3 万公里（含 3 万公里）的新能源公交车以及非插电式混合动力公交车，按照其实际推广数量给予运营补助。2020 年以后再综合考虑产业发展、成本变化及优惠电价等因素调整运营补助政策。

财政部　工业和信息化部　交通运输部

2015 年 5 月 11 日

资料来源：http://jjs.mof.gov.cn/zhengwuxinxi/zhengcefagui/201505/t20150514_1231726.html

《关于完善城市公交成品油价格补助政策加快新能源汽车推广应用的通知》还明确规定了各类公交车具体的补助标准，如表 3-2 所示。

表 3-2　节能与新能源公交车运营补助标准　单位：万元/辆/年

（2015—2019 年）

车辆类型	车长 L（米）		
	$6 \leqslant L < 8$	$8 \leqslant L < 10$	$L \geqslant 10$
纯电动公交车	4	6	8
插电式混合动力（含增程式）公交车	2	3	4
燃料电池公交车	6		
超级电容公交车	2		
非插电式混合动力公交车	2		

　　针对具体的实施政策还提出了五项保障措施：① 加强组织领导；② 加强监督检查；③ 做好政策宣传；④ 维护行业稳定；⑤ 做好政策衔接。

　　随着技术水平的提高、城市与城镇化的加速发展和城市居民生活条件的逐步提升，城市交通发展不断面临新的挑战，对此，国家对城市公共交通基础设施建设的政策有着阶段性的改变。我国对城市公共交通的补偿主要有以下几种形式：一是政府投资规划建设或改造道路、桥梁或相关配套设备等公共交通基础设施；二是对公共交通票价、能源耗费、设备更换等运营公司为保障公益性而无法通过提高收费获得利益的项目进行补偿；三是在政策方面，主要通过优惠宽松的政策吸引社会资金，对社会企业投资给予回报，改善基础设施运营机制等。总之，不同阶段的补偿机制对我国公共交通设施设备、发展规划都起着重要的导向作用。

　　政府为公共交通企业提供财政补贴的目的是通过适当的补贴促使公交企业努力提高经营能力和改善服务业绩，补贴效果很大程度上影响了整个公共交通行业的发展和乘客及社会的利益。因此，城市公交的补贴能够为我国铁路公益性补偿提供一定的参考价值。

3.1.2　民航运输业公益性补偿综述

民航运输的公益性主要体现为机场自身服务、功能以及民航紧急运输等行为。民用机场作为基础设施，属于基础性开发项目，兼具公益性和经营性。

1. 美国民航公益性补偿综述

美国联邦政府早在 1970 年就通过了《机场及航路建设法》，规定了机场发展援助计划以及拨款计划大纲，通过向航空用户征收税收对机场进行资助。1982 年，美国通过《机场和航路改建法》建立了新的援助计划，即机场改建计划，以向机场提供资助资金。1990 年，美国通过了《航空安全扩容法》，通过向旅客征收旅客设施费补助机场相关项目的发展与规划。美国对其航空体系的规划与建设有相当长的历史，其关于机场运营管理的政策一直在不断修改，不断完善。

美国向公众开放的民用机场分为私营机场和数量上占较大比例的公共机场。其中，公共机场一般是由政府投资，产权归市政府和郡政府，或者由这些政府的半独立官方机构所有，由政府直接管理或组织机场当局对机场进行管理。机场不以营利为目的，也不需要自负盈亏，仅仅为航空公司和公众提供公正良好的竞争环境和服务，机场亏损由政府进行补贴，这些公益性机场的运营更多地是为了满足国家或行业整体的目标要求。

美国机场建设和维护的资金来源主要有以下几个方面。

（1）商业债券。机场每年在债券市场筹集百万美元的资金，大部分市政债券免收联邦所得税，这个鲜明的特点使得这种融资方式比许多私人资金的其他来源代价低，因此，美国绝大部分机场债务资金来源于免税的债券市场。这种债券期限相对比较长，一般在 20 多年以后才到期。

（2）机场改建计划（Airport Improvement Program，AIP）援助基金。该资金来自民航系统内各部分的用户税收（旅客机票、货运和燃料），只有国家机场系统规划（National Plan of Integrated Airport System，NPIAS）中的机场才可以获得这个援助基金。2015 年财政年度 AIP 发放的总金额为 32 亿美元。航空港改进计划基金存在一个主要问题，随着时间的流逝，为了保持联邦财政预算平衡，被分配给民航改进项目的资金可能要少于税收所得，但 AIP 仍然是美国公用机场改进和维护的主要资金来源。

（3）旅客机场设施使用费。一般平均每位旅客被收取 4.5 美元的费用，但必须将明确的项目上报美国航空局（Federal Aviation Administration，FAA），获得批准后方可收取此项费用。这些基金将直接流向各个机场，而不是进入像航空港改进计划税收（AIP Taxes）一类的联邦基金。

美国民航局每年向对国家综合机场系统发展具有重要意义的机场提供数亿美元补贴。补贴主要由上述机场改建计划（AIP）和旅客机场设施使用费（PFC）计划组成，目前均以第 49 号美国法案为法律保障。美国大多数公用机场（包括私人拥有但允许公众使用的机场）在国家机场系统规划（NPIAS）中，需要符合美国航空局的要求并且按照美国航空局的规章运营，只有该系统中的机场可以得到联邦政府的机场改建计划（Airport Improvement Program，AIP）援助基金。

根据各类机场在市场定位、设备设施建设、业务范围和主要目的等方面的差异，美国航空局将机场分为不同类别，同时建立了机场补贴评估标准体系：ACIP 评估体系，从机场作用规模、机场开发项目潜在目标、实物组件、机场建设工作类型等定量指标以及对申请的机场排名，并从财务状况、机场业绩、规划因素、法律和法规要求以及州和当地政府支持这五个方面考察是否授予机场补贴，确定获得补贴的优先级别[39]。

2. 加拿大民航公益性补偿综述

从 1995 年 4 月 1 日到 2000 年 3 月 31 日，加拿大政府通过加拿大交通部实施了机场资本补助计划（The Airport Capital Assistance Program，ACAP），旨在资助机场有关安全、资产保全和削减运营成本的项目。全年提供预定旅客服务的机场，不管是否由联邦政府经营，只要满足加拿大民航监管法第 3 部分第 2 章，并拥有相关认证资格的机场，都有资格申请该资助计划。具体补贴程度与乘客数量的关系如表 3-3 所示。

表 3-3　加拿大机场资本补助关系

预定的乘客人数	补贴程度	预定乘客人数	补贴程度
1 000 ~ 49 999	100%	300 000 ~ 324 999	45%
50 000 ~ 74 999	95%	325 000 ~ 349 999	40%
75 000 ~ 99 999	90%	350 000 ~ 374 999	35%
100 000 ~ 124 999	85%	375 000 ~ 399 999	30%
125 000 ~ 149 999	80%	400 000 ~ 424 999	25%
150 000 ~ 174 999	75%	425 000 ~ 449 999	20%
175 000 ~ 199 999	70%	450 000 ~ 474 999	15%
200 000 ~ 224 999	65%	475 000 ~ 499 999	10%
225 000 ~ 249 999	60%	500 000 ~ 524 999	5%
250 000 ~ 274 999	55%	多于 525 000	0%
275 000 ~ 299 999	50%		

　　加拿大的地区性机场和中小机场的经营中，有 22 家地区和中小机场盈利，而这部分盈利的机场都获得了机场资本补助计划的资助。1998—2002 年，加拿大交通部投入了 4 200 万美元用于可盈利的地区性和中小机场的各类项目支出。另外，24 家财政赤字的地区性和中小机场中，有 18 家有资格获得机场资本补助计划的补贴，1998—2002 年加拿大交通部投入了 3 000 万美元用于亏损的地区和中小机场的有关安全项目的支出。

　　由表 3-3 的数据可知，中小型机场客流量较小，其获得的补贴程度更高，同时根据政策法规，对于北纬 60 度地区的机场，补贴程度不低于 85%。这类机场所在地人口密度较小或所在地区偏远，机场运营带有更大的公益属性。

　　机场资本补助计划遵循以下原则：符合资格项目的优先级别、技术分析、机场交通、机场的认证要求以及与该地区和当地股东的协商。补贴评估标准按照美国 ACIP 评估体系建立，补贴的最终支付需根据国会的分配，国会有权取消或者削减补贴的金额。补贴的支付是在符合资格的机场的实际项目发生后，依据项目支付证明授予的。至少有

10%的补贴是在加拿大交通部收到项目支付证明后才发出的。个别情况下，也可以根据要求提前给予补贴，金额根据政府转移支付政策决定[19]。

3. 我国民航运输业公益性补偿综述

我国民用小机场亏损一直广受诟病。原中国民航局局长李家祥多次表示，在世界各国，要实现中小机场及支线航空的经济效益都是一个普遍的难题。不能单独算机场自身的盈亏账，还要看中小机场对地区经济的带动。

2008 年出台的《民航中小机场补贴管理暂行办法》，对中小型民用运输机场作为社会公益性基础设施提供普遍服务给予补贴资金，并且制定了补偿办法和补偿遵循的原则。2014 年底民航局发布的《关于2015 年民航小机场补贴预算方案的公示》，增加了补贴的民航小机场数量，数量达到 146 个，补贴金额增加到 12.11 亿元。

2016 年由民航局印发的《关于鼓励社会资本投资建设运营民用机场的意见》（以下简称《意见》）表示，全面放开民用机场建设和运营市场，创新民用机场建设和运营投融资方式，加大政府和社会资本合作的政策支持，以提升机场服务质量和效率，促进民航行业安全、高效发展。

根据《意见》，符合全国民用运输机场布局规划、国家批准的专项规划和区域规划以及行业发展规划的运输机场项目，均向社会资本开放；减少国有或国有控股的运输机场数量，进一步放开运输机场对公共航空运输企业和包括航空油料供应在内的服务保障企业的投资限制；全面放开通用机场建设，对投资主体不做限制，并全面放开通用机场和其他市场主体之间的投资限制；积极有序放开民用机场竞争性领域或环节的价格，创新价格管理方式；对于社会资本参与的新建、改扩建机场项目，与政府投资机场项目享受同等政策待遇，按照民航固定资产投资补助政策享受民航发展基金补助；对于社会资本投资运营的民用机场项目，依据政策规定享受民航局运营补贴。

《民用机场管理条例》中明确了机场的公共基础设施定位，这一定位表明，机场首先要强调公益性，然后才考虑收益性，其最主要任务不是盈利而是开通更多的航线和时刻。为了保证我国民航服务的顺利开展，在财政方面专门设立了向乘客征收的民航发展基金，取代了原来对乘客征收的机场建设费以及对航空公司征收的民航基础设施建设基金。民航发展基金属于政府性基金，收入上缴中央国库，纳入政府性基金预算，专款专用，使用范围包括民航基础设施建设，对货运航空、支线航空、中小型民用运输机场的补贴等七个方面[40]。

3.1.3　其他基础设施产业公益性补偿综述

1. 电力行业公益性补偿综述

电力关系到人民的基本生活和工业的顺利生产，作为重要的基础设施，具有一定的福利性，因此，我国电力销售价格由政府价格主管部门核定。用户分类以及各类用户价格水平的制定是销售电价制定的关键，理论上它应当反映各类用户真实的供电成本。

然而，一直以来在我国各类用户价格水平的核定工作中，除了要考虑用户供电成本以外，还要综合考虑电力普遍服务责任、服务宏观经济调控和产业结构调整相关政策等多种社会功能，造成我国电力用户的电价水平偏离实际成本的现象，即对部分电力用户执行低于其供电成本的电价，同时通过对其他电力用户收取较高电价来弥补以上损失，这称为销售电价的交叉补贴。

我国销售电价以省为实体，按用途一般分为大工业、一般工商业、居民生活用电和农业生产用电四大类，每一类用户又按电压等级细分，各类用户执行不同的目录销售电价。目前销售电价存在着工商业电价补贴居民用电的问题，居民用电电价低，而工业用电电价高，通过工业用电的高电价补偿普通居民用电的电价，以此作为人民应享受的公益性福利。

此外，我国还在不同程度上存在着不同时段电力消费交叉补贴、不同电压等级电价交叉补贴、不同地区之间交叉补贴等问题。从交叉补贴程度来看，它与电网结构、负荷密度、用户用电负荷特性等有关，故不同省、市、自治区的交叉补贴程度并不相同。我国销售电价体系中交叉补贴问题"面广、量大"，它不仅广泛存在于各类用户与同类用户之间，而且补贴额度高。这不利于我国销售电价结构的调整，阻碍了我国电力市场建设工作的推进[20]。

虽然交叉补贴在一定程度上扩大了用电范围和居民的支付能力，保证了居民基本生活用电。但随着我国电力市场化改革不断深化，交叉补贴的种种弊端逐渐显露出来。

第一，交叉补贴实质是价格扭曲，不能反映真实的电力成本。这不仅会扭曲电力市场，还会扭曲其他经济部门，成为电力改革的阻碍。

第二，低电价会导致电力的过度消费，而我国又是以燃煤发电为主。因此电力消费的不合理增加会导致煤炭消费的增加，从而增加废气和二氧化碳排放，加重了环境压力，限制中国的减排空间。

第三，由于补贴的无针对性，真正需要补贴的贫困居民仅获得了小部分补贴，而高收入群体却获得了大部分补贴，补贴机制缺乏效率。

由于补贴常常是通过国有电力企业的亏损来实现的，"全民所有"的定义将导致低收入群体补贴高收入群体，因此，无目标补贴也是不公平的，并且与补贴最初的目标是背道而驰的。所以，目前的电力补贴既不公平，又缺乏效率[41]。

目前，越来越多的专家学者正在积极推进电力定价改革，希望找到一个更合理的电价制定方法，既保证人民应享有的权利，又解决过去电力交叉补贴问题带来的弊端。

2. 林业资源公益性补偿综述

森林作为一种重要的自然资源，不仅具有保护生态环境的作用，同时也是广大林农关键性的生计资源，但一直以来，林业主要以满足人类的经济需求为目的，从而造成了森林资源过度采伐、林地过度开垦等环境问题。面对这种情况，20 世纪 90 年代我国提出了林业分类经营理念，把森林分为生态公益林和商品林分别经营。公益林属于一种社会公共商品，其生态效能具有外部性、非竞争性和非排他性等多种特征，其经营管理、补偿问题一直是林业发展工作的重中之重[21]。

2004 年 12 月，财政部、国家林业局共同颁布《中央森林生态效益补偿基金管理办法》，标志着我国森林生态效益补偿基金制度正式建立。办法规定，中央补偿基金的补偿范围为国家林业局公布的重点公益林地中的有林地，以及荒漠化和水土流失严重地区的疏林地、灌木林地、灌丛地。目前国家对国家级公益林平均的补偿标准为每年每亩5元。

2014 年，《财政部、国家林业局关于印发〈中央财政林业补助资金管理办法〉的通知》（以下简称《通知》）发布。中央财政补偿基金依据国家级公益林权属实行不同的补偿标准。国有的国家级公益林平均补助标准为每年每亩 5 元，其中管护补助支出 4.75 元，公共管护支出 0.25 元；集体和个人所有的国家级公益林补偿标准为每年每亩15元，其中管护补助支出 14.75 元，公共管护支出 0.25 元。表 3-4 列出了 2013—2015 年全国天然林保护项目支出数据。目前我国对生态林保护的投入逐年上升。

表 3-4 2013—2015 年全国天然林保护项目支出

单位：亿元

年份	预算数	决算数	预算数占决算数的比例%	决算数占上年决算数的比例%
2013	182.45	175.22	96.0	109.4
2014	191.75	170.55	88.9	97.3
2015	204.49	229.87	112.4	134.8

（数据来源：预算司全国财政决算表）

具体的管理方法上，地方各级财政部门会同林业主管部门测算审核管护成本，合理确定国有单位国家级公益林管护人员数量和管护劳务补助标准。集体和个人所有的国家级公益林管护补助支出，用于集体和个人管护国家级公益林的经济补偿。公共管护支出由省级财政部门列支，用于地方各级林业主管部门开展国家级公益林监测、管护情况检查验收、森林火灾预防与扑救、林业有害生物防治、监测等工作。

在财政管理方面，各级财政部门应对中央财政补偿基金实行专项管理，分账核算。其他渠道筹集的用于国家级公益林的补偿资金可与中央财政补偿基金并账核算。各级财政和林业主管部门应分别建立健全中央财政森林生态效益补偿拨付、使用和管理档案。财政部根据各省、国家林业局报送的国家级公益林征占用等资源变化情况，相应调整中央财政补偿基金。国家林业局应对国家级公益林征占用情况适时抽查。

在监管方案上，《通知》指出，各级财政部门和林业主管部门应加强对中央财政补偿基金的监督管理，对违反本办法规定，截留、挪用或造成资金损失的单位和个人，按照《财政违法行为处罚处分条例》（国务院令第 427 号）有关规定处理、处罚和处分。财政部会同国家林业局按照有关规定和程序，对相关违法违规情况进行通报。

事实表明，森林生态公益林补偿标准合理与否，影响到经营主体对公益林的有效管护，关系到国土生态安全。正因为如此，科学合理地确定生态补偿标准成为社会与众多学者关注的热点与焦点，也是生态补偿研究的难点，是一个亟待研究解决的生态补偿的核心问题[42]。对于现有的补偿标准，理论界存在争议，其研究也在不断深化。生态公益林补偿标准是森林生态效益补偿研究中的一个重点，也是难点。

3. 其他基础设施公益性补偿简述

对于其他国家公共服务类和战略支柱型行业，同样存在国家给予补贴帮助企业发展的先例。水利项目承担着防洪排涝功能，水电和农村农业灌溉工程公益性功能明显，公路项目承担着方便公众出行、改善投资环境等外部功能。

关于准公共项目补偿政策，1989 年国家税务总局做出了《关于水利设施用地征免土地使用税问题的规定》，财政部对长江三峡水电站、二滩水电站的增值税由 17% 降为 8%。对水力发电、风力发电等可再生能源电量由电网企业全额收购，实行高电价和差额补贴电价政策。为了对准公共项目合理进行投资补偿，公益性部分投资由政府承担或进行补偿，经营性功能由企业承担投资。水利水电项目根据经营性与公益性功能进行投资分摊，这种补偿机制有利于吸引社会投资者参与到经营性部分投资。

对于服务型项目的建设，我国商业银行改革初期，国家采取补充资本金、剥离不良资产等方式，减轻了相关银行负担，加快了改革步伐。目前，我国银行业实力持续增强，抵御风险能力、盈利水平有了显著提高，对保障我国经济发展、抵御国际金融危机冲击起到了积极作用。

3.2　国外铁路运输业公益性补偿机制综述

由于国土面积、体制、国家发展阶段等国情的差别，我国的铁路公益性运输项目与国外不尽相同，国外铁路运输业在铁路路网覆盖规模、客运与货运运输量、运量变化周期等方面与我国有较大差异，但各国所面对的公益性问题是一致的。

一些具体的铁路公益性运输项目，如铁路支线运输、市郊旅客运输、特殊时期物资运输等，几乎在世界各国均存在。在处理铁路公益性问题上，长时间的运营历史使其具备较为完善的运营模式和补偿机制，发达国家考虑到铁路运输所带来的巨大社会效益，通过多种途径有效解决铁路公益性运输问题。

探讨国外铁路的改革状况可以为我国铁路公益性补偿机制的制定提供相关的参考和借鉴，而国外铁路改革措施不当所引起的各类问题也能为我们提供相关的经验和教训，避免重蹈覆辙。

3.2.1　加拿大铁路运输运营与补偿机制

加拿大通过立法明确了铁路应承担公益性运输并且政府应当给予公益性运输损失适当补贴。早在 1967 年，加拿大议会通过了《国家运输法》（NTA，1967），这是加拿大第一部对运输业市场进行规制的法律，该法案规定，政府必须对铁路客运服务的亏损承担 80% 的补贴。

1987 年，加拿大议会又对《国家运输法》进行了修订（即现在的NTA.1987），极大地优化了市场竞争环境，标志着加拿大运输业走向成熟。虽然加拿大的国家运输政策是引入市场机制、鼓励公平竞争，但政府仍对公益性运输方式及承运人提供一定的补贴，尤其是对偏远地区服务的补贴。

NTA.1987 是在 NTA.1967 的基础上修订的，其对公益性运输进行财政补贴的内容这样描述道:"每种运输方式或者每个承运人都要承担一定合理比例的设施、资源和服务等公益性费用,当其必须为公共事业服务时,它将得到政府公平合理的补贴。"在此条件下,加拿大交通运输部制定了一系列补贴政策,典型的有西部谷物运输补贴、铁路客运补贴、北部民航客运补贴等。

较大的运营成本以及公路、航空运输带来的竞争使加拿大铁路客运长期经营亏损。为寻求改变,以及支持国营客运公司(VIA 公司)客运服务的可持续发展,加拿大政府于 2000 年启动了"复兴计划"(Renaissance Funding),对客运铁路投入 4.01 亿加元,主要用于采购列车,升级车站、线路和车辆,提高能源效率,降低温室气体排放等。

2003 年,加拿大政府拟启动"复兴计划 2"(Renaissance Funding Ⅱ),但最终政府宣告该计划取消。

2007 年,加拿大政府颁布一项五年投资计划,向 VIA 公司投资 5.16 亿加元。2009 年,根据加拿大的经济实施计划,加拿大政府又向 VIA 公司追加了 4.07 亿加元投资。两次投资共 9.23 亿加元,主要用于更新机车车辆,扩展线路能力,现代化改造客运设备和车站,提高客运技术水平。受 2008 年全球金融危机的影响,2009 年 VIA 公司的收入大幅下降。

近年,在政府投资的支持下,VIA 公司的经营情况逐步好转。2012 年,VIA 公司获得运输部对偏远地区服务的 4.94 亿美元的政府补助。2014 年,VIA 公司获得 4 亿美元的政府资金,包括全国性通勤的 5 500 万美元的联邦补贴,相当于补给每位乘客 591 美元。

3.2.2 美国铁路运输运营与补偿机制

美国拥有广袤的国土覆盖面积,其公路交通十分发达,铁路运输业尤其是客运的发展在规模上同俄罗斯和中国有一定的差异。美国铁路公益性运输体现在客运业务上,铁路客运亏损运营需要联邦政府的补贴维持,货物运输市场以铁路为主导,能够实现自身的自负盈亏[23]。

美国与铁路运输有关的立法经过一百多年的发展,大致可以分为三类。第一类是运价管制法律，以 1887 年的《州际商务法》为代表，包括《赫伯恩法》《曼-埃尔金斯法》等；第二类是反垄断管制法律，以《谢尔曼法》《克莱顿法》为代表；第三类是铁路改革与复兴法律，以 1970 年《铁路客运服务法》为代表，包括后来 1980 年的《斯塔格斯铁路法》以及 2008 年的《客运铁路投资及改善法案》（PRIIA）。法律的实施与修订一方面是为了防止铁路运输垄断造成的利益损害，另一方面则是为了保证铁路系统长期稳定的运营。美国的铁路公益性运输主要表现在客运业务上，因此《铁路客运服务法》的颁布实施对解决美国铁路公益性问题起到了关键性作用[32]。

为了保证美国铁路客运稳定运营，《铁路客运服务法》起到了一定的作用，主要表现在三个方面。

① 成立美国国家铁路客运公司（National Railroad Passenger Corporation of the USA），或叫作 Amtrak。1970 年，美国国会通过了《铁路客运服务法》，联邦政府按照该法将各铁路公司面临崩溃的客运业务收归一起，成立了 Amtrak。该公司是个半私人半国有的企业，董事会为最高决策机构，成员由美国总统提名并经参议院任命。Amtrak 的运营覆盖美国 46 个州和加拿大 3 个省，运营里程约为 34 000 km，实际拥有的线路却只有不到 1 200 km，其中大部分位于东北走廊（波士顿—华盛顿）和芝加哥地区，其他地区客运业务租用相关货运公司的线路。

② 联邦政府补贴 Amtrak。Amtrak 每年的维护修理资金和基建投资都需要联邦政府支持，国会每年都会批准 Amtrak 的专项预算。1979 年，美国国会通过法令规定了 Amtrak 的亏损标准，由政府承担其成本的 50%。联邦政府提供给 Amtrak 的营运、投资、开发等资金由美国铁路业监管机构 —— 联邦铁路管理局（FRA）具体执行。Amtrak 平均每年接受约 10 亿美元的联邦政府补贴，而它每年大约有 12 亿美元的亏损。例如，2009 年 Amtrak 实际收入为 23.5 亿美元，支出为 35.1 亿美元；2010 年 Amtrak 实际收入为 25.1 亿美元，支出为 37.4 亿美元；2011 年 Amtrak 也收到了国会授予的 5.63 亿美元的运营补助和 9.22 亿美元的资本项目补助。

近年来，路网损失、收入情况和州政府提供的补贴如表 3-5 所示。

表 3-5　2012—2015 年路网损失、收入情况和州政府对 Amtrak 的补贴

单位：百万（美元）

指标	2012	2013	2014	2015
净亏损	1 255.0	1 275.6	1 082.6	1 232.7
总收入	2 866.3	2 990.8	3 235.6	3 211.0
政府补贴	179.0	187.1	235.2	222.8

（数据来源：Amtrak annual report fiscal year 2012—2015）

③ 地方州政府补贴 Amtrak 公司。《客运铁路投资及改善法案》（PRIIA）第 209 条要求，Amtrak、交通部及包括哥伦比亚的各州合作方共同制定成本分摊方案，向各州合理收取由州政府支持城际乘客铁路服务的费用。PRIIA 第 209 条的办法从 2013 年 10 月开始实施。某些城市之间的客运线路上座率很低，但当地城市要求维持该线路，客票收入不能平衡运营支出部分产生的亏损，根据法令规定，Amtrak 自身承担 30%，当地城市的政府承担 70%。有些州政府若要维持某些亏损严重的客运线路，同样要给 Amtrak 一些补贴。

对于铁路通勤服务，部分地方州政府通过交通机构或州交通部门向 Amtrak 支付因通勤列车使用 Amtrak 拥有的设施而产生的费用。这些机构或各州也为线路提供其他资金，包括承担支线的建设、养护维修设备的费用以及车站的建设资金。

除了根据法律法规对铁路客运以直接的方式提供相应的补偿补贴，在税收政策上，美国同样建立了详细的法律对该类政策提供可靠的支持。投资税收抵免是一种税收减税的优惠政策，相当于政府直接给铁路运输企业的补助，税收减免这样的补偿方式能够减小企业的运营压力和管理压力。

美国对铁路旅客运输采取的是非常宽松的全面免税政策。美国法典第 24301 条规定，自 1981 年 10 月 1 日起，免除 AMTRAK 公司及其附属铁路承运公司的各种税费以及出租方或承租方的附加税，对提供通勤铁路旅客运输的通勤机构免征税。美国以 Amtrak 为典型的国家铁路主要集中在客运方面，通过法律法案对客运铁路几乎实行免税政策，体现出美国政府对公共基础设施的重视[43]。

3.2.3　瑞典国铁运输运营与补偿机制

瑞典在欧洲最早进行铁路产业的改革，尤其是 1988 年的法案，在其改革历史中具有里程碑的性质。瑞典铁路作为欧洲铁路产业改革的先驱，具有相当的代表性。1988 年以前，随着经济的发展，各种运输方式的竞争加剧，瑞典传统的铁路管理体制造成市场份额下降，财务状况恶化。在 1962 年至 1988 年的 27 年间，瑞典国铁只有 3 年盈利，其他年份都靠国家财政补贴。瑞典政府意识到，管理不当是造成铁路衰落的主要原因。

由于铁路作为一个具有很强的公共物品特性的行业，国家通常会限制铁路企业商业化经营的自由，出于短期的政治目的要求铁路维持非经济性的服务，使铁路在与其他运输方式竞争时处于明显的弱势地位。对铁路长期投资不足或投资失误，也造成了铁路财政负担沉重，财务目标混乱，而政府所采取的补贴方式并不利于铁路提高效率和服务质量。

上述情况迫使瑞典铁路在 1988 年率先实现了较为彻底的机构分离，即铁路"网运分离"改革，明确了基础设施与运输经营的权责分界。瑞典通过铁路改革，实现铁路公益性和商业性归属不同载体，铁路基础设施和铁路运输分别由瑞典国家铁路管理局（BV）和瑞典国有铁路公司（SJ）承担。

SJ 按商业化原则自主经营，自负盈亏，按照与公路运输相似的标准，向 BV 缴纳铁路基础设施的使用税。其资产主要有机车车辆及维修设施、车站及车站房地产、铁道线两侧土地等。主要业务是客货运输、机车车辆购置及维修、房地产开发。BV 是政府管理机构，不以营利为目的，其资产包括铁路线、通信信号设备、电力接触网、编组站固定设施等，主要任务是负责铁路基础设施的维修养护和改造新建。瑞典国家铁路管理局（BV）的维修费用和投资资金来自国家向 SJ 收取的线路使用税，不足部分由国家财政拨款或向指定银行贷款[25]。

瑞典的支线客运大多属于公益性运输服务，由中央政府将线路的投资和运营补贴列入"地方运输设施"预算，直接和地方政府协调解决；为了调动地方政府支持铁路的积极性，政府把原来直接拨给铁路的短途客运补贴交给当地政府，由地方政府招标决定短途客运的承运者，即对地区性客运实行间接补贴和政府购买，采用招标方式确定经营权，中标者获得经营合同收入，而支线客运的票价收入交地方政府，由此形成了有利的竞争局面。对铁路线路采用不同的经营管理机制，这既体现了政府对公益性服务应承担的责任，又维护了运输企业市场化经营的要求。

在改革过程中政府本着政企职责分开的原则，采取了一些重要的措施和优惠政策，以支持铁路企业自主经营。

一是重组历史债务，政府在把铁路公司的一部分历史债务转给铁路管理署的同时，注销了账面价值8亿克朗的资产，减少了国家铁路资本总额。

二是政府出资向铁路运输企业购买公益性服务，政府既不要求铁路运输企业承担公益性运输所造成的亏损，也不用政府财政资金直接补贴企业，而是采取"政府购买"的方式，与企业进行公平交易，提供社会必需的公益性服务。

三是实行优惠的财政金融政策，瑞典一般工商企业需缴纳29%的公司利润税（所得税），而瑞典国有铁路公司（SJ）可以免缴，线路使用税也不断降低。瑞典铁路管理局（BV）需要的基础设施维修费用，其资金缺口由中央财政负担，以保证铁路与公路、民航处于平等竞争的地位。瑞典国有铁路公司（SJ）的贷款由政府担保，利率比其他企业低1%。

瑞典铁路改革在有限时间内取得了初步成效并加速发展，形成了既具有市场竞争性又不缺乏公益服务性的铁路运作模式，使瑞典铁路的发展更加具有活力，其成功经验值得借鉴。

3.2.4 英国铁路运输运营与补偿机制

英国作为欧洲经济大国，其铁路系统同样经历了多次重要改革。然而改革并非一蹴而就，英国铁路在改革历程中经历了诸多问题和挑战，为解决这些问题和挑战，英国不断对其铁路系统运营政策进行修改和完善[44]。

1994 年起，英国开始对铁路进行市场化改革，英国国铁私有化，实施网运分离，铁路相关业务拆分为包括 Railtrack 路网公司的 120 多家公司，包括由多家公司共同组成的英国铁路运营公司（TOC）。实行铁路私有化改革后，公益性问题突出。由于铁路系统拆分过细，职能部门过多，部分客运经营公司甚至缺乏运营管理经验，反而增加了各部门和公司之间的交易费用和运营成本。

1996 年，英国铁路线路公司上市，政府开始实行减少铁路公益性补偿的政策，私人投资开始大量增加。然而，英国铁路长期投资不足的状况并未因市场化运营而得到改善。为扶持铁路发展，促进运量向铁路转移，1999 年起政府再次直接投资铁路基本建设。目前铁路行业的资金来源主要为政府资助和私人投资，其中政府资助主要包括中央政府拨款、直接投资等，在铁路行业的资金投入中占主要地位。

由于各运输服务公司只看重短期利益和股东权益，路网公司为节约成本，基础设施投资严重不足，基础设施建设和服务水平开始下降，安全状况更是恶化，发生多次重大交通事故。仅 2001 年一年，路网公司的亏损就将近 40 亿英镑。在这一背景下，Railtrack 路网公司于 2001 年宣告破产，由政府接管代行管理权。

为了加强铁路路网建设、提高铁路服务水平，1974 年英国出台了《铁路法案》，规定英国政府对铁路公益性运输进行补偿，特别是在 2000 年哈特菲尔德铁路重大事故之后，英国政府提高了补偿金额，用于路网的维新和特许铁路公司的运营。2002 年英国政府成立了新的路网公司 Network Rail，由政府所有。虽然英国铁路改革历程一波三折，但改革也取得一些成效。

路网公司控制权被收回后，英国政府加大了对路网的投资与建设，提升了线路质量，进而提升了线路安全性，铁路的运营又有了复苏的迹象，经营业绩、列车正点率与安全水平均有了很大的提升。例如，客运运营商实现盈利后，根据盈利情况向 TOC 支付溢价，若运营商亏损，则能够从 TOC 及政府得到补贴。2012—2015 年部分运营商补贴如表 3-6 所示，2012—2015 年英国交通部向运营商及路网提供补贴数额如表 3-7 所示。

表 3-6　2012—2015 年部分运营商补贴　　单位：百万英镑

列车运营公司	2012	2012	2014	2015
C2C 铁路公司	− 17.6	− 4.1	− 18.0	− 37.8
奇尔特思铁路公司	6.8	− 5.0	− 30.2	− 29.5
纵贯铁路公司	20.6	32.4	− 47.3	− 76.7
东米德兰兹铁路公司	2.3	3.6	− 82.6	− 78.0
维珍铁路公司	− 96.8	− 101.2	− 93.7	− 153.2

注：负数反映了列车运营商向英国交通部（DFT）支付溢价，而不是补贴，
　　下表同。

　　（数据来源：Department for Transport business plans and Rail network,
　　Department for Transport, UK）

表 3-7　2012—2015 年英国交通部向运营商及路网提供补贴数额
单位：百万英镑

指标	2012	2013	2014	2015
列车运营商补贴总额	− 804.2	− 616.1	− 1154.7	− 1202.1
路网补贴	3201.6	2914.8	3125.5	3252.0
总补贴	2397.3	2298.6	1970.8	2049.9

（数据来源：Department for Transport business plans and Rail network,
Department for Transport, UK）

　　英国铁路改革减少政府财政补贴压力的目标得到一定程度的实现。2008 年后，由于客运公司运营收入逐渐提升，英国政府对客运公司的补贴一直呈下降趋势。政府对路网的投资和对公益性线路的补助为客运服务水平、线路质量与安全性提供了可靠的保证。

　　此外，税收政策是英国政府鼓励铁路发展的政策之一。根据《2011年财政法案》，英国财政部有权延长铁路客货运营商的气候变化税豁免权，这种税收政策相当于对铁路运输的倾斜。自 2011 年起，英国初步计划将路网公司所得税税率每年下调 1%，到 2014 年下降至 23%。

3.2.5　日本铁路改革与补偿机制

　　日本作为我国邻国，虽然国土面积较小，但人口密度较大。同时，

日本是铁路运输业十分发达的国家，其铁路运输业的改革并没有采用欧洲国家铁路"网运分离"及其类似的模式。日本铁路运营的改革历程与公益性政策可以为我国铁路改革提供一些独特的、宝贵的经验。

1987年，日本国铁进行市场化改革，将国铁分割民营化。原国铁按区域与客流拆分为JR东日本、JR西日本、JR东海、JR九州、JR四国、JR北海道等六家铁路客运公司，一家负责全国货运量相对不大的货运公司，以及其他几个组织机构。原日本国铁的铁路网被一分为六，但路网的完整性并没有被破坏，95%的旅客运输能在一家公司内部完成，有效地降低了管理成本。货运虽然需要通过租用各客运公司线路进行运营，但为了减轻货运公司的负担，货运公司无须承担路网更新和养护等费用。

新干线持有公司向各运营公司收取线路租赁费，其费用一是利用其盈利能力偿还原国铁债务，二是作为弥补东北新干线与上越新干线亏损的交叉补贴。但考虑到新干线所在地三家客运公司的稳定运营，1991年新干线持有公司解散，东日本铁路客运公司、东海铁路客运公司、西日本铁路客运公司获得各管辖区内的新干线线路。

以上改革并未解决国铁改革过程中出现的债务等问题，日本成立了国铁清算事业团，其任务是继承原国铁的土地、股票，偿还长期债务等问题。需要解决的债务主要分为两类，一类是国铁解体时依旧未偿还的债务，包括长期债务25万亿日元，用于有关工程建设的费用5.2万亿日元以及经营稳定基金1.3万亿日元；另一类是国铁解体后可能出现的债务，包括退休金负担5万亿日元，剩余员工再就职费用0.3万亿日元以及其他费用负担0.4万亿日元，合计37.2万亿日元[45]。

JR东日本、JR西日本和JR东海三家公司由于经营能力较强，需承担5.9万亿日元的债务，而剩下三家公司由于经营状况不佳，被免去了其应承担的债务，同时设立了经营稳定基金。当然，日本在长期债务处理上也存在问题，1997年，清算事业团长期债务上升到28万亿日元，1998年，政府制定了《国铁清算事业团债务处理法》，同年清算事业团解散，长期债务中的24万亿日元由政府继续承担，剩下的由铁路建设公司沿袭，相当于债务问题最终由整个社会承担[46]。

在新干线的修建中，日本政府决定由国家承担一半的建设费用，另一半的建设费用由铁路公司承担。政府承担的建设费用又由中央政府和地方政府分担：公益性较弱的新干线，中央政府承担 40% 的建设费用，地方政府则承担 10% 的建设费用；而公益性强的新干线，中央政府和地方政府各承担 25% 的建设费用。新干线建设完成后，各公司通过缴纳租赁费的方式取得新干线的运营权，而他们所缴纳的租赁费用则成为下一条新建线路的建设资金留存下来。该政策极大地促进了铁路的建设，带动了地方经济和国民经济的发展[47]。

根据相关的调研，在税收政策上，日本政府制定了相应的税收优惠政策吸引投资，鼓励铁路企业发展。在铁路建设初期，免征其所需土地的税费，之后又采取了减少铁道用地的评估价格和各种铁道设施的固定资产税（如新造车辆的固定资产税、铁道建筑物的固定资产税以及河流工程中新建和改造的桥梁的固定资产税等）的措施等。另外最新的税收优惠政策中对国税中的法人税等均有减免，同时在地方税种上还有优惠，在整体上实现了多角度公益性补偿的灵活配置。

3.2.6 其他国家铁路公益性补偿机制

1. 挪威铁路公益性补偿

挪威通过绩效补贴合约解决城际铁路公益性问题。挪威国家铁路公司（NSB）运营的客运铁路主要有三种：城际列车、地区列车和通勤列车。挪威的城际列车具有较强的公益性色彩，挪威交通运输部与挪威国家铁路公司（NSB）在 2003 年签订了一项合同，交通运输部要求 NSB 不得只注重收益的增长给企业带来的经济利益，而忽视服务质量的提高给消费者和整个社会带来的福利水平的提高。

通过以上合同，NSB 要从全社会福利最大化的角度出发，来决定产量与服务质量，由于城际列车的正外部性很大，NSB 降低运价并提高服务质量使得客运的公益性非常突出；交通运输部必须为 NSB 提供补贴，这种补贴是基于 NSB 表现情况而决定的绩效补贴。交通运输部会通过观察 NSB 的业绩情况决定补贴数额，业绩越出色，补贴越多。

在 1999 年以前，挪威铁路客运周转量曾经历了大幅度的增长，但是到 2003 年，铁路客运周转量又下跌得比较厉害。2003 年起，交通运输部对 NSB 的公益性运输开始进行绩效补贴，虽然客运周转量仍有波动，但明显地遏制了前几年的下跌趋势。挪威客运周转量的变化在总体上较为平稳，并呈小幅度上升趋势[48]。

2. 德国铁路公益性补偿

德国铁路在 20 世纪 90 年代实行"网运分离"改革后，实现了短途客运地区化。德国联邦政府每年向州政府支付 60 多亿马克短途客运补贴，各州政府再以特许经营权的形式将补贴转交给承担短途客运的铁路企业。因此，短途客运收入 60%来自政府补贴。德国成立了联邦铁路特殊财团（EBV），承接和处理国铁改制前 670 亿马克的全部债务。德国政府 1995 年对铁路的补贴占运输收入的比重达到 68%。

德国铁路特许经营权的形式就是试图通过公共服务任务的转移，减轻政府的财政负担。虽然在改革完全成功之前，政府还必须支付铁路公司巨额的补贴，但是，其补贴的数额每年都在下降。1994 年的补贴为 32.62 亿欧元，到了 2002 年已经降到了 4.43 亿欧元。可见竞争性的增加对政府而言，可以更好地完成公众赋予的公益性运输服务任务。

3. 法国铁路公益性补偿

法国铁路在 1997 年改革前，法国政府及其他公共团体对铁路运营的补贴占总营业收入的比例为 15.5%～18.5%，改革后这一比例有所降低，2000 年降为 11.96%。法国政府将法国国铁债务 1 342 亿法郎全部划入法国铁路路网公司（RFF）负责偿还。

4. 俄罗斯铁路公益性补偿

俄罗斯法律规定，铁路旅客运输亏损应当由联邦和地区财政预算给予一定补贴，这与美国和欧洲许多国家做法相同。但是，铁路旅客运输一直没有从财政得到应有的补贴，铁路旅客运输的亏损主要依靠货运收入予以补偿。这种现象，经济学家称之为"交叉补贴"。有学者认为，取消货运对客运的交叉补贴，至少能够降低 15%的货物运价水平，这将有利于俄罗斯铁路吸引更多货流，促进国家工农业生产的发展。

在 1992 年到 2002 年期间，俄罗斯乘坐长途旅客列车享受铁路乘车优惠的人数已经达到 4 100 万人，几乎有近一半旅客享有持用免票的乘车优惠。市郊旅客运输的动车组无票乘车人数超过 7 500 万人，购票乘车的旅客仅占 36%，还有 10%的旅客享受各种优惠乘车待遇。这种现状造成交通部每年流失约 150 亿卢布的运营收入。俄罗斯相关法律规定政府对政策原因造成的铁路运营亏损（主要是客运）予以补贴。但近年来，政府补贴未完全到位，2000 年客运所得补贴仅为应得补贴的 43.8%。

5. 西班牙铁路公益性补偿

西班牙政府不仅对城际铁路运输进行补贴，同时也对城市铁路运输进行补贴。政府对城市铁路运输的运营补贴，根据车票当地亏损额与全国平均亏损额的比值来计算。而中央政府给予西班牙国铁开展城际铁路运输的补贴，不仅包括运营补贴，还包括对基础设施管理的补贴。另外，由国铁维持的亏损铁路运营，自治区省政府也提供补贴。

3.3 国内外企业公益性补偿机制的启示

国内外对于具有强公益性的事业和关系国计民生的重大产业都从立法方面来明确补贴力度、确定补贴主体和补贴范围、建立补贴考核评估体系，权责分明地划分了政府和企业之间的关系。

3.3.1 立法保障公益性补偿

国内外公共交通、民航及铁路行业关于公益性建设和运输都按照法律法规确定政府职能、企业职权。只有详尽的法律法规，才能保障各类基础设施公益性得到最大限度发挥，成为维持财务健康和经营顺利的重要制度保障。

在改革的过程中，没有科学的法律法规可能带来企业运营的混乱，进而影响到社会的正常生产。日本政府先后出台《铁道企业法》《日本国有铁道改革法》等多项法律法规，具有较为健全的法律体系，从法律方面保障了高速铁路的规划、设计、筹资、建设、经营、管理等各个环节的顺利过渡和衔接，国家企业合作的发展谋略避免了长远投资建设的停滞；相反，英国铁路改革由于没有科学详尽地制定法律，改革过程一波三折，增加了不必要的改革成本，甚至直接或间接导致了铁路安全事故，对其铁路体系自身和社会效益均造成了不利影响。

在地位和职能划分方面，需要法律明确各方角色的作用。例如，新加坡公共交通"政府-企业-第三方机构"稳定的关系需要通过法律、法规的形式进行协调，保障发展中各方的基本权益，同时规定了各方应有的职能，保障了发展资源需求的来源。

具体补贴政策的规划与执行也需要法律法规提供必要的依据，美加两国解决铁路公益性问题的方法不尽相同，但是两国都是立法先行。两国国会都通过颁布法律来明确政府对铁路公益性运输的责任、标准及相关程序，以法律为指导，很好地解决了铁路公益性问题；同时，使铁路运输补偿的资金能够被纳入国家预算，对补偿的主体和客体进行科学界定，国家与州政府逐层分担责任，均参与公益性补偿并保证补偿，保证资金正常到位，维持各地公益性线路的正常运营，同时也提高了铁路运输企业线路运营的积极性。

我国现行的《铁路法》制定于 1991 年，是计划经济后期的产物，已经不适应当前政企分开、进行市场化改革的趋势，其他有效的规范性文件大多数属于行政法规，甚至有些规定尚未做到规范化、体系化，出现了法律上的空白。因此，我国必须对《铁路法》进行修订，或者废除现行《铁路法》，颁布新的《铁路法》，同时要完善运价管制法律体系，从法律上明确规定公益性运输产品价格管制的标准、范围、方式及程序。

法律法规首先具有导向的作用，明确改革或调整的目标，同时法律法规的强制性能够保障企业服务尤其是公益性服务的稳定运营。法律法规所体现的重要性决定了该体系建立所必需的详尽与科学性。

3.3.2　丰富补偿方式

直接补贴有利于改善企业经营性不足，弥补市场化定价造成的企业损失。特许经营可以引入社会资本，有利于改善企业治理结构，减少财政支出压力。

1. 直接补贴

阿科森-斯蒂格利茨定理（A-S 定理）证明，直接对收入或劳动力等生产要素征税或提供补贴是实现收入再分配的最佳途径，而利用扭曲产品或服务相对价格的方法是低效率的。因而可采取直接对公益性运输亏损进行补贴的方式，消除交叉补贴带来的价格扭曲。

在补贴主体和补贴目标都明确的前提下，直接补贴资金能够顺利下达，以用于企业相关的建设，补偿效率更高，避免过多流程造成的补偿进度滞后。直接补贴资金的来源可以是单独设立的从服务费用中抽取的铁路建设基金或国家、地方政府的直接拨款。

国外民航、铁路产业的公益性补偿几乎都将直接补贴作为补偿方式之一，中央或地方政府均参与提供建设扶助资金，明确资金用途（各地区内铁路线路的建设与维护或用于运营损失等），将资金效用最大化。

对铁路公益性运输的直接补贴，要对公益性线路和产品分别制定补贴政策。对公益性产品的补偿方式可以选择的方案有：按照成本补偿、按照减少的收入补偿。按照减少的收入补偿的优点为确定少收入的金额比较容易，操作简单。如果以后正常运输运价提高，相应地也可以提高补偿金额。这种方式的补贴适用于学生、儿童、伤残军人运输，以及支农物资运输等受到价格管制的公益性产品。

2. 特许经营

特许经营方式能帮助实现产业结构的改善，由于引入了社会资本，特许经营部分更需要市场化的经营理念，丰富了经营内容，也能更好地发挥市场经济的作用。

在铁路运输业实行市场化改革之后，有多家市场化经营的铁路运输企业承担铁路客、货运业务，政府将与它们分别签订运输经营合同，明确双方的权利和义务。如果该经营合同中不明确界定公益性运输服务的责任和补偿措施，理性的铁路运输企业将不会承担此项运输业务，导致公益性运输服务的供应不足。在公益性运输服务的认定过程中，计算得出的公益性运输服务亏损额并不一定等于国家将给予企业的补贴额或购买价格。可以借鉴国际经验，运用市场准入原则，通过公开招标引入特许权竞争，以确定具体的补贴额和购买价格。

在符合可竞争市场的标准下，企业之间展开充分竞争，参与竞标获得一定期限内铁路公益性运输服务的特许经营权。符合既定合同约束条件（如服务质量要求）且报出的成本最低的企业（即要求成本补贴最低或达成收入最高者），将被赋予特许经营权。通过这种机制，可以选出最有效率的运输企业，并确定具体的补贴额或购买价格。

一是"所有权性的特许权经营"用于由政府部门部分出资的公益性铁路建设项目，可通过公有竞标者或私人竞标者对项目的投资和运营实现 PPP（Public-Private Partnership）公私合作模式，从而达到吸引民间资金、降低铁路建设和经营成本的目的。PPP 公私合作模式已经在日本、美国等国家高速铁路融资方面得到了广泛应用，民营资本在铁路走廊、城间客运铁路建设投资中发挥着日益重要的作用。二是"经营权性的特许权经营"用于诸如青藏铁路等政府全额出资的项目，可降低造价、提高工程质量。

实施特许经营，引入社会资本也需要制定更加详尽的政策法规，建立相关的监督、评价制度，保障相关产品服务的安全性和服务质量，杜绝私人企业过度追求利润和效益而忽视成本的投入，进而导致基础设施质量下降。此种补贴方式真正将公益性运输服务的责任主体落实为政府，铁路运输企业也不会因此承担公益性运输损失。

3.3.3 设立合理的基金

日本对公益性运输的补偿采用两种形式，一种是直接资金补偿，另一种则是通过民营化改革时设立的经营稳定基金来进行补偿。对于直接资金补偿，政府向日本国家铁路公司提供的运营补偿逐年增加，基本稳定在每年 20 亿日元左右。经营稳定基金主要针对客流较少、经营较困难的三家离岛公司进行补偿。

德国铁路根据《联邦铁路公共短途旅客运输地方化法》规定，中央联邦政府从燃油税收入中提取地方化专项基金，支持各州的铁路短途旅客运输，来平衡运营成本或填补运营赤字，也可用于对机车车辆或线路的投资。

借鉴电信业、邮政业"普遍服务基金"补偿方式，考虑除已设立的铁路专项基金外，通过建立专有的铁路公益性运输基金来对公益性运输亏损进行补偿，让未承担公益性运输任务的线路缴纳普遍服务基金来补偿公益性运输，这样可以有效地解决一部分公益性亏损。

再借鉴民航运输设立民航发展基金，设立铁路公益性运输发展基金。2014 年 4 月 2 日国务院常务会议提出设立铁路发展基金，7 月 8 日，国家发展和改革委员会、财政部、交通运输部发布的《铁路发展基金管理办法》规定，铁路发展基金的资金来源包括铁路建设基金、中央预算内投资、车辆购置税，其投资方向必须符合国家规定，主要用于国家批准的铁路项目资本金，其余资金投资土地综合开发等经营项目。铁路发展基金的收益部分可以作为公益性运输服务基金的资金来源，对铁路公益性等政策性亏损进行补贴。

3.3.4 明确补偿主体和补偿对象

在公益性运输行业，如公共交通、民航和铁路等，政府与整个社会是公益性运输受益者，企业是公益性运输供给者。按照市场规律，政府应该弥补企业承担的社会功能损失。

美国和加拿大明确了对其国内铁路客运公司的公益性补偿，而对具有营利性的货运不给予补偿；瑞典、英国等欧洲国家铁路产业实行路网分离政策，将路网管理划归国有企业，运输公司支付的路网使用费无法达到建设与维护的成本，因此政府将投入资金进行补偿。国外铁路公益性补偿还将补偿提供方划分到地方政府，如日本新干线整备与建设的政府补偿由中央政府和地方政府各以一定比例提供资金；美国地方政府也需要对其管理区域内的铁路提供维护建设资金。

从运输业务、固定设施上对补偿对象进行细化，同时地方政府也参与补偿，一方面确保补偿资金能够真正进入补偿对象，避免可能出现的财政混乱，例如虽然政府提供了公益性补偿，但服务、产品提供方却没有享受或没有完全享受到补偿，进而导致公益积极性下降、产品、服务质量降低的情况；另一方面，对中央政府、地方政府甚至更多机构明确补偿责任划分，由各方分担管理压力和管理成本，加大地方参与基础设施建设的积极性，在一定程度上降低地方发展的惰性。

无论航空运输还是其他行业的政府补助，地方政府的补助都占绝对比重，因而铁路公益性补贴制度的建立应该考虑由地方政府和中央政府共同负担。例如，航空运输属于地方政府补助的航线补贴款平均占整个政府补助的 60%。为了通过开通航线带动本地区的经济发展，我国很多地方政府给予航线补贴，吸引航空公司落户，实现航空公司和当地政府共赢。

对于铁路，尤其是属于公益性的线路，大部分是为发展地方经济而修建的，应该由地方政府给予适当的补贴。因此，借鉴民航争取航线补贴款的做法，铁路应该争取地方政府对地区性公益性铁路运输线路的补贴。

没有明确的补偿主体和补偿对象，则无法建立一个完整的补偿机制，这样的补偿机制类似"浆糊"一般的特征会让政策的具体实施举步维艰、止步不前。只有对补偿目标、主体和对象进行更加详尽的划分说明，补偿机制才能更具有执行力和执行效率。

3.4　本章小结

本章通过搜集相关资料，首先论述了国内外城市公共交通、民航运输业和其他国有企业的公益性补偿机制；其次，分析了国外铁路运输业的公益性补偿机制；最后，总结了国内外企业的公益性补偿机制对我国铁路公益性补偿的启示。

从国内外非铁路运输企业的公益性补偿机制可知，非铁路运输企业主要从政府专项补贴、地方政府补贴、建立发展基金以及制定法律等方面对公益性进行补偿；从国外铁路运输企业的公益性补偿机制可知，国外铁路运输企业主要从立法补贴、政策补贴、政府补贴、税收减免和特许经营等方面对铁路公益性进行补贴。

国内外企业的公益性补贴机制，对我国铁路公益性补偿有一定的参考价值。我国铁路公益性可以从丰富补偿方式、设立合理的基金、明确补偿主体和对象以及立法等方面建立公益性补偿机制，具体的补偿框架将在第 5 章进行详细研究。

第4章　铁路公益性补偿：现状分析

我国铁路的公益性有多种表现形式，要研究相应的公益性补偿政策，需要对铁路的公益性行为进行一系列研究，分析现行公益性补偿的可行性和实施效果。本章将对我国铁路运输企业的公益性补偿现状进行详细分析，并从中发现目前我国铁路公益性补偿机制中存在的不足，对所存在的问题一一进行探讨。

4.1　我国铁路公益性表现形式

对铁路公益性的内涵和表现形式进行详细探究是解决公益性补偿问题的前提。我国铁路政企分离前后，铁路公益性问题一直是铁路改革过程中无法避免的挑战，国务院在 2013 年《关于组建中国铁路总公司有关问题的批复》第八条中表明要建立铁路公益性运输补贴机制："对于铁路承担的学生、伤残军人、涉农物资等公益性运输任务，以及青藏线、南疆线等有关公益性铁路的经营亏损，研究建立铁路公益性运输补贴机制，研究采取财政补贴等方式，对铁路公益性运输亏损给予适当补偿。"

从上述批复可以看出，国务院将我国铁路公益性分为两类：一类是公益性运输，另一类是公益性线路。作者认为，公益性运输具有普遍性（即使非公益性铁路上也普遍存在公益性运输，例如京沪高速铁路上存在学生、伤残军人运输），而公益性铁路具有特殊性（只包括那些以公益性运输为主的线路，或者国家出于某种需要而建设运营的线路，例如青藏铁路）。

4.1.1 公益性运输

公益性运输主要包括抢险和救灾物资运输、支农物资运输、军事运输、伤残军人和学生运输、市郊旅客运输、特定物资运输等。按照现行规定，铁路运输企业承担上述公益性运输，必须以低于正常运价或完全免费的形式给予公益性运输客户优惠。

国家铁路的 18 个铁路局集团公司均不同程度地承担公益性运输任务。其中，支农物资运输量 2010 年已占全路货运量的 4.68%，为运量最大的公益性运输项目。有人统计，由于对粮食、棉花、化肥、农药、磷矿石等支农物资实行减免铁路建设基金和低运价政策，铁路企业年均减收约 136 亿，而铁路部门近年则披露涉农物资运输年损失额达数百亿[49]。

尽管以上数据还有待核实，但可以确定公益性运输使铁路自身承受的损失相当之大。公益性运输涉及面广，折扣率高，如学生、伤残军人运输的折扣率为 50%，收入难以覆盖成本。铁路企业承担的公益性运输运量越大，损失也越大。铁路部门以自身收益的大量外溢，为政府公益性目标的实现创造了条件。

1. 典型的公益性运输项目

铁路公益性运输即国家为了社会公共利益，要求铁路运输企业对特定人群、特定物资和特定列车承担的低于正常运输价格的运输行为。根据各类统计资料，铁路的公益性服务给企业造成的损失额逐年上升，已成为影响铁路企业运营效益的重要因素。

根据国务院发展研究中心调查研究报告和本课题组的调研，典型的公益性运输项目具体包括如下几项[50]。

（1）抢险、救灾物资运输。

抢险、救灾物资运输是指在发生重大自然灾害时，为抢险救灾而发生的物资运输，不包括正常的用于预防重大自然灾害的物资运输。抢险、救灾物资运输分为两类，一类是物资发运时，已形成货票而无法收到运费的运输，可以用货票作为认定依据；另一类是由于抢险救灾时间紧迫，没来得及形成货票的运输，各铁路局根据铁路系统外民政部门事后的确认材料、铁路部门的调度命令及其他一些补充材料进行认定。

　　抢险救灾是一种社会责任，对拒绝接受抢险救灾物资运输任务的行为应给予行政处罚，铁路部门在其中应尽的义务是优先安排运力，将抢险救灾物资快速、安全地运抵目的地，使抢险救灾工作得以顺利开展。

　　对于抢险救灾物资，国家虽未出台减收运费的政策，但实行的是先运输后付费的办法。此项运输的运费应由组织抢险救灾的主体，也就是各级政府来承担。在市场经济条件下，铁路运输企业并无义务担负此项支出，但事实上有相当数量的抢险救灾物资变成了无偿运输，铁路部门承担此项运输后无法收到运费。因此，抢险救灾物资的运输是一种公益性运输。

　　（2）支农物资运输。

　　支农物资包括农药、化肥和磷矿石。根据化肥、农药、磷矿石等品类的货物周转量以及运价，可得出铁路运输企业为此少得的收入。

　　2010 年，支农物资运输量已占全路货运量的 4.68%，农药和化肥货运总量达到 8 618 万吨，占国家铁路主要货物运输量的 2.8%。2010—2013 年国家铁路化肥和农药货运量如图 4-1 所示。由于此项运输实行减免铁路建设基金和低运价政策，因此造成大量损失。

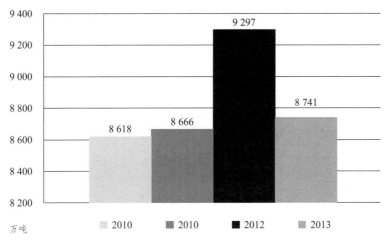

图 4-1　2010—2013 国家铁路化肥和农药货运量（单位：万吨）

对于支农物资运输，《铁路货物运价规则》中并没有明确的优惠规定,但铁路部门对支农物资实行了优惠运价,免收铁路建设基金。"免收铁路建设基金"的做法比较普遍,这个基金是财政代收的性质,最后又全部由财政返给铁路部门使用,实质上就是把铁路部门应得的基金给了这些支农物资的货主单位,也可以理解为铁路部门承担了理应由财政补贴给支农物资货主单位的补贴资金。

由于支持农业生产是政府的一项职能,铁路开展此项活动是非自愿的,因此,减少的收入可看作是铁路企业由于承担此项公益性运输而牺牲的利益。对支农物资实施运费优惠是国家应该承担的责任,但是最后由铁路部门承担相关的费用,对铁路企业造成了大量亏损。2013—2017年,某铁路局(集团)共发送免收铁路建设基金的货物 9 150万吨,共计优惠金额 340 409 万元,如表 4-1 所示。

表 4-1　某铁路局(集团)免收及减收铁路建设基金的货运产品

项目		工作量单位	2013 年	2014 年	2015 年	2016 年	2017 年	合计
合计	发送吨数	万吨	2 168.4	2 261.4	1 668.8	1 543.6	1 507.8	9 150
	周转量	亿吨公里	317.6	304.5	230.1	218.9	212.6	1 283.7
	优惠金额	万元	79 055	75 211	65 385	61 015	59 743	340 409
粮食	发送吨数	万吨	37.6	61.0	22.0	17.0	17.0	154.7
	周转量	亿吨公里	4.3	7.6	2.9	2.2	1.9	18.9
	优惠金额	万元	1 408	2 511	965	712	639	6 224
化肥	发送吨数	万吨	1 312.4	1 230.0	1 099.8	978.4	968.2	5 588.9
	周转量	亿吨公里	221.1	206.3	189.4	176.6	173.3	966.6
	优惠金额	万元	72 971	68 109	62 486	58 264	57 178	319 009
黄磷	发送吨数	万吨	0.7	0.8	0.6	0.4	0.9	3.4
	周转量	亿吨公里	0.2	0.2	0.2	0.1	0.2	0.8

续表

项目		工作量单位	2013 年	2014 年	2015 年	2016 年	2017 年	合计
黄磷	优惠金额	万元	59	63	50	27	60	137
磷矿石	发送吨数	万吨	817.3	969.2	546.1	547.5	521.4	3401.5
	周转量	亿吨公里	92.0	90.3	37.7	40.0	37.2	297.2
	优惠金额	万元	4601	4514	1883	2002	1861	14862
棉花、豆饼、农药等	发送吨数	万吨	0.4	0.4	0.3	0.3	0.2	1.6
	周转量	亿吨公里	0.1	0.1	0.1	0.1	0.0	0.4
	优惠金额	万元	16	14	12	10	4	56

（3）伤残军人、学生的运输。

伤残军人、学生运输是指为体现国家对伤残军人和学生的特殊政策，凭伤残军人证和学生证享受半价优惠的旅客运输。这也是政府的一项指令性安排，它将政府应承担的补贴职责交给了铁路部门。

《铁路旅客运输规程》第二十条明确规定："在普通大、专院校（含国家教育主管部门批准有学历教育资格的民办大学），军事院校，中、小学和中等专业学校、技工学校就读，没有工资收入的学生、研究生，家庭居住地和学校不在同一城市时，凭附有加盖院校公章的减价优待证的学生证（小学生凭书面证明），每年可享受家庭至院校（实习地点）之间四次单程半价硬座客票、加快票、空调票（以下简称学生票）。动车组只发售二等座学生票，学生票为全价票价格的 75%。新生凭录取通知书、毕业生凭学校书面证明可买一次学生票。"

《铁路旅客运输办理细则》（铁运〔2012〕304 号）第十八条规定："中国人民解放军和中国人民武装警察部队因伤致残的军人凭'中华人民共和国残疾军人证'、因公致残的人民警察凭'中华人民共和国伤残人民警察证'购买优待票。"

　　由于伤残军人和学生运输的价格低于正常运价，缺少的部分由铁路部门承担，所以这两项运输也被认定为公益性运输。2013—2017 年，某铁路局（集团）共发送学生 1 690 万人，优惠金额 92 547 万元；发送伤残军人警察 77.1 万人，优惠金额 4 594 万元。其中高铁和普通旅客列车分别如表 4-2、表 4-3 所示。

表 4-2　某铁路局（集团）公益性高铁客运产品

项目	工作量单位	2013 年	2014 年	2015 年	2016 年	2017 年	合计
发送学生	万人	30.6	45.4	70.8	99.3	113.5	359.6
学生优惠金额	万元	627	1 318	3 000	4 725	5 021	14 691
发送伤残军人、警察	万人	7.0	5.7	5.1	8.8	10.8	37.4
伤残军人、警察优惠金额	万元	266	234	315	563	643	2 021

表 4-3　某铁路局（集团）公益性普通客运产品

项目	工作量单位	2013 年	2014 年	2015 年	2016 年	2017 年	合计
发送学生	万人	336.8	312.1	262.9	225.9	192.7	1 330.4
学生优惠金额	万元	18 830	18 246	15 539	13 440	11 801	77 856
发送伤残军人、警察	万人	12.6	9.2	6.0	6.0	5.9	39.7
伤残军人、警察优惠金额	万元	797	624	383	382	387	2 573

　　（4）军事运输。

　　军事运输主要包括军用物资运输和军运客运。军用物资铁路运输是军队后勤的重要保障，军用物资通过铁路运输到内地营区和边境哨所，保障部队战备工作的顺利开展和日常工作的正常进行。军运客运包括部队输送、兵员运输等，为国防、军事任务提供一定支持。战争或其他非常时期，普通铁路运输和其他类运输均需要参与军事运输任务，实行统一的运输军事管理。

军事运输管理中，通常按等级进行组织。遇作战、抢险救灾、运输，以及其他重要、紧急运输，按特殊运输管理，部分按特殊规定专项组织，必要时采取非常措施予以保障。一般危险品、枪械、精密设备、集重超限物资等运输，按重点运输掌握，其他则按一般运输掌握。根据相关条例，军用物资运输享受约 40% 的运价优惠折扣率，后付运费。为保障国防和国家军事安全，增强军事运输能力，铁路需要在线路规划与运营管理中积极协调军事需求。

（5）市郊旅客运输。

市郊旅客运输是指执行市郊旅客运输票价的旅客运输，其特点是距离短、乘客少、票价低，主要是为了方便职工上下班以及日常生活的需要，同时在一定程度上实现节约土地资源、保护环境的社会效益。

市郊旅客运输是由地方政府指令性开行的列车，低运量运输，无权关闭。市郊旅客运输客票的价格水平比较低，难以弥补铁路部门的成本，从事该项运输的铁路部门经济效益差，亏损严重。如果从铁路自身的利润最大化角度考虑，大部分市郊旅客运输是可以停开的，但在地方政府的要求之下，铁路部门又不得不承担此项运输任务。因此，市郊旅客运输具有很强的公共服务性质，也应认定为公益性运输[51]。

（6）铁路支线运输。

铁路支线运输是指专门服务于矿区、林区、农场等特定企业和地区的客货运输。随着资源情况的变化以及市场经济的发展，许多支线运量逐渐减少甚至枯竭，这使得支线运输运量小、收入少，而成本却很高，导致亏损严重。尽管铁路支线运输具有较强的社会效应，但加大了铁路部门的经营风险。铁路支线运输可看作铁路部门为了地区经济的发展而承担的一项公益性运输。

（7）特定物资运输。

《货运日常工作组织办法》中说明，国家重点物资除抢险救灾、支农物资外，还包括国家明确指令运输的煤炭、石油、粮食、盐、棉花等能源和战略性物资，铁路生产和建设急需的钢轨、轨枕、桥梁、道岔、建筑材料、机械设备等路用材料，国务院各部委和各省、自治区、直辖市政府提出的关系工农业生产和人民生活急需运输的各类物资，对外贸易急需运输的国际联运、进口、出口的物资，五定班列、大客户和国家铁路局（或原铁道部）确定的跨局大宗直达货物以及国家铁路局（或原铁道部）临时指定运输的其他物资。部分物资 2010—2014 年的货运量如表 4-4 所示。

表 4-4　2010—2014 几类特定运输货运量　　单位：万吨

运输物品	2010	2011	2012	2013	2014
石油	12 847.46	12 564.50	12 652.42	12 731.76	12 806.97
煤	156 020.00	172 125.74	168 515.29	167 945.66	164 130.57
矿建材料	12 553.41	12 440.35	11 759.08	13 547.95	11 890.82
金属矿石	38 087.75	39 147.65	40 111.76	40 187.39	36 708.40
非金属矿石	8 706.68	9 514.81	8 750.55	7 263.68	6 451.64
粮食	9 692.36	9 578.29	9 980.74	10 446.71	8 260.37
盐	1 379.34	1 698.91	1 532.42	1 500.23	1 531.37
棉花	397.28	275.76	388.60	436.59	495.90

（数据来源：国家统计局）

以上几种运输以及支农物资运输在《货运日常工作组织办法》（铁运〔2005〕143 号）中被列为国家重点物资，这类运输通常实施优惠的特定运价，部分甚至免运费。在一定程度上，这类物资的运输消耗了大量人力、财力，增加了铁路运输成本，这类运输被认定为公益性运输。2013 年至 2017 年，某铁路局（集团）共发送低运价货物 12 609.1 万吨，如按 4 号运价预计可增收 218 046 万元。结合 2018 年货运承运清算的实施，通过对低运价号货物运输的统计，2018 年 1—6 月共发送货票盈余为负的低运价号货物 259 万吨，货票盈余 - 6 355 万元。

2. 公益性运输现状

目前我国处于推进城镇化建设的关键时期，铁路是中、长途旅客运输的主要载体，对于人口的城市间流动具有不可替代的作用。票价方面，我国铁路目前的运价相比其他运输方式偏低，国家通过压低铁路的比价，使铁路客运具有福利性，进而保证人民的出行具有公平性。

例如，寒暑假学生半价运输直接降低了学生的出行成本，这不仅仅是对学生群体的扶持，更维护了教育公平的意义；对伤残军人的优惠政策则保障了伤残人士应享有的福利权益，提高军人的国家认同感。

货运受益的主体主要是货物的使用者，根据铁路货运分类，对于粮食、医药品、涉农物资等人民生活的必需品，煤、石油、冶金矿产资源、木材等基本原材料等资源的运输都具有较强的公益属性。货运公益性的判断包含两个方面：一是货物的社会价值，判断是否关乎不确定多数人的利益；二是在货物不具备广泛社会价值的情况下，根据运量的比重判断是否满足"不确定多数人"原则。

不难看出，铁路货运的公益性主要体现在具有广泛社会价值的生活必需品和基本原材料的重点物资运输上，而这些物资的运输同时也是我国工业化发展的要求。除此以外，还有对涉农物资实行的运价优惠，是国家扶持农业发展的表现。

据统计，2014 年我国煤的货运量有 164 131 万吨，石油货运量达 12 806.97 万吨，粮食货运总量达到 8 260 万吨，化肥与农药货运总量达到 7 868 万吨，金属和非金属矿是货运量分别达到 36 780 万吨和 6 452 万吨。仅仅这些物资的运输就已经占据了国家铁路主要物资运输中一半以上的运量。

以煤炭运输为例，根据原国家计委、财政部、原铁道部《关于对出口外贸煤炭免征大秦铁路等四线铁路建设基金的通知》，自 1999 年 7 月 1 日起至 2001 年 3 月 31 日止，对出口煤炭免征大秦四线铁路建设基金，并返还 1999 年 4 月 1 日至 1999 年 7 月 1 日已征收的四线出口煤炭的铁路建设基金，少收的铁路建设基金可认定为公益性运输损失额。

由此可知，铁路因承担以上公益性运输造成了大量的损失。2016 年，铁路承担的公益性亏损达到 1 626.23 亿元，铁路总公司有息负债已达 4 万亿元。根据国家"十三五"规划纲要，若仍沿用现行筹资渠道，到 2020 年，铁路总公司有息负债余额将达到 5.46 万亿元。由此可知，铁路产业具有规模效益，但是对于公益性运输，铁路企业承担的公益运输运量越大，损失也越大，铁路部门以自身收益的大量外溢为政府公益性目标的实现创造了条件。

4.1.2 公益性铁路

公益性铁路主要是指政府出于政治、经济、军事、国防以及国土开发、消除地区差距等目的而兴修的铁路，其社会效益大于经济效益，这些线路的收益难以弥补建设成本或运输成本，即使亏损也必须维持运营。此类铁路在交付运营后基本都收不抵支，使得建成营运之日就是亏损开始之时，它的亏损问题仅仅靠运输企业自身的努力是无法扭转的。

在我国铁路网中，有很多铁路服务于国土开发和国防建设需要，建设时仅考虑运输功能，未充分考虑铁路企业经济效益，修建目的就是支持老区经济发展、加快扶贫攻坚进程，基本上均属于公益性铁路。多数铁路投入运营就产生亏损，亏损公司普遍现金流收不抵支，完全靠增加银行贷款维系日常运转，个别合资公司甚至面临破产。典型的公益性铁路有南疆铁路以及青藏铁路。

公益性铁路通常在地缘政治上占据着重要的地位，能够促进偏远、交通不发达地区的人才、文化交流，带动地区经济、文化发展，为边远地区军用物资提供运输平台，维护国防安全等作用。

1. 公益性铁路特征

同公益性运输一样，公益性铁路外部性较强，带来的社会效益要远远高于自身的运营效益。公益性线路在规划设计时从地缘政治及地区发展的角度出发，突出考虑政治稳定、国土开发、民族团结、国防建设、社会公平、促进经济等因素，而将铁路本身的经济效益放在次要和服从的位置[52]。

从国家发展和国民经济上看，公益性铁路具有显著的社会经济效益，外部利用者和一般消费者享受到低运价便利，随着客货运输向铁路转移和集中，社会物流成本整体降低，它既是区域经济社会发展的重要基础设施，也是某些纯公共产品（国防、国土开发）的重要组成部分。

从线路的建设上看，通常偏远地区的公益性线路所经地区具有自然环境差、施工难度大的客观情况，这使得公益性铁路修建工艰款巨，初始投资大，建设周期长。首先，偏远地区这一客观地理因素就为建设物资的运输制造了难题。其次，西北、西南地区极端气候或复杂的地质条件为铁路的修建增添了难度。

公益性线路前期建设投入耗资巨大，而项目交付使用后，低运价、低运量和高营运成本造成铁路企业收不抵支，更无法通过利润回本，所造成的亏损不可避免。根据部分研究总结，线路的经营方面，公益性铁路具有"两低一高"经营条件。

（1）低运价。

公益性铁路经营还本付息支出和取得各项固定资产成本较高，企业成本价格统计均值必大于市场价格均值，需要政府规定价格将运价控制于较低水平。提高运价会直接产生两个后果：一是区域需求减少；二是所损失的市场份额被公路接收，推高社会物流成本，造成社会福利流失。

以青藏铁路为例，青藏铁路刚通车后运价执行每吨公里 0.12 元，远低于公路每吨公里 0.27 元的市场运价，社会物流成本降低，青藏省区经济社会发展提速。

（2）低运量。

西部经济社会欠发达，人口稀少，拥挤性小。公益性铁路多为尽头式线路，以地区运量为主，通常运量较小，运量增长受到区域经济社会条件制约。南疆铁路在 1999 年全线贯通后的很长一段时间内，年均货物发送量不及其他内陆地区运量较大的二等车站。青藏铁路格拉段沿线除格尔木、拉萨市的人口密度为全国平均值的 1.17%，旅游者客流呈季节性波动，进出藏物资运输量不对称，直至 2011 年格拉段线路利用率仍仅为 73.2%。[53]

（3）高营运成本。

根据《铁路运输企业成本费用管理核算规程》规定，铁路营运成本主要包括工资，折旧，运输设备运用所耗材料、燃料、电力，固定资产周期性大修和旅客服务费等。西部公益性铁路营运成本费用明显高于全路平均水平。

公益性铁路低运价、低运量、高营运成本的"两低一高"经营条件导致的直接结果是,公益性铁路较其他铁路承担着更为繁重的支农、支边和军事等公益性运输任务。政府指令对其减免运费已使运输收入减少,而"两低一高"经营条件更加剧了边际成本与边际收入之差,使得不仅公益类甚至普通类运输都成本大于收入,主营业务全盘亏损。该结果反映出公益性铁路"雪上加霜"的经营困难特征,甚至蕴含着公益性铁路开行普通列车越多亏损越大的现实。

在"两低一高"经营条件下,公益性铁路运营初期乃至中远期亏损均不可避免,"两低一高"特征越突出的线路则亏损越严重。在全路18个铁路局集团公司中,分别托管青藏、南疆铁路的青藏铁路局集团公司和乌鲁木齐铁路局集团公司成为运输亏损大户具有某种必然性。

综上,公益性运输项目的开展和公益性线路的建设与经营维护,两方面均造成了公益性铁路的巨大亏损。公益性铁路的性质决定了在一定时间之内,其不可能为企业带来经济效益,政府应对公益性铁路给予足够的重视。

2. 典型的公益性铁路

西北铁路是我国铁路网中公益性最强的板块,包括已建青藏、南疆、兰渝、敦格等公益性铁路。青藏铁路是边际社会产值与项目产值最大化分离的铁路建设项目,而南疆铁路则是公益性因素导致政策性严重亏损的典型。

（1）青藏铁路。

青藏铁路被誉为"天路",起于青海省西宁市,途经格尔木市、昆仑山口、沱沱河沿、翻越唐古拉山口,进入西藏自治区安多、那曲、当雄、羊八井、拉萨,如图 4-2 所示。青藏铁路作为全世界海拔最高、线路最长的高原铁路,其建设成本高昂,施工难度大,面临着冻土、高寒缺氧、生态脆弱等诸多挑战。在线路建设上,青藏铁路全线 1 956千米,工程投资约为 330.9 亿元,每千米造价 2 900 万元。因要在高寒、缺氧、冻土的条件下运行,青藏铁路运营成本高昂。青藏铁路完善了中国铁路网布局,为青海、西藏两省区的经济发展提供更广阔空间,同时起到了国土开发等公益性作用。

青藏线的开通有非常重要的意义。首先，线路的开通使得进出西藏的运输成本大大下降，货物量得到大幅度的提升，藏区人民的生活品质在一定程度上得以改善，使得西藏经济的持续发展有了稳固的物质基础，实现同步增长；其次，青藏铁路的全线开通，增加了人们进出西藏方式的可选择性，改善了旅游出行方面只能靠民航、公路的限制，促进了西藏以及沿线大部分地区旅游业的可持续发展；第三，青藏铁路的开通使得区域内矿产资源的开发利用得以加快，带来了就业岗位，促进了矿区周边区域的经济发展；第四，青藏铁路的开通改变了过去由于交通闭塞造成的人民思想观点和知识滞后的现象，促进了各民族间的文化交流，增强了藏区人民的开放意识、市场意识、商品意识，为西藏实现跨越式发展提供了基础。

在运输方面，2006 年，青藏铁路全线开通，铁路货运运价每吨每千米 0.12 元，远低于公路每吨每千米 0.27 元的市场运价，而化肥运价仅仅每吨每千米 0.045 4 元，青藏铁路的特殊意义要求其必须在运输上保证福利性。这些年，青藏线的客货运量急剧增长，如表 4-5、表 4-6 所示。它对社会效益的贡献，大大超过了铁路自身的经济效益。

表 4-5　2006—2012 年兰青、青藏线客运量

	2006	2007	2008	2009	2010	2011	2012
客运量/万人	383	552	545	635	713	768	780
旅客周转量/百万人每公里	2 590	5 073	4 554	5 516	6 216	6 873	6 936

表 4-6　2006—2012 青藏线货运量

	2006	2007	2008	2009	2010	2011	2012
货运量/万吨	871	1 286	1 831	2 130	2 620	2 229	2 538
货运周转量/百万吨每公里	6 447	9 522	12 460	14 091	15 557	17 622	21 116

（数据来源：中国经济与社会发展统计数据库）

青藏铁路的开通为西藏的产业结构调整创造了条件，2006 年到

2016 年，西藏工业增加值年均 14.86%，以天然饮用水为代表，依托青藏铁路销往全国各地，甚至远销海外，特色产品通过这条绿色的"天路"走向国内和国际市场。青藏铁路自 2006 年全线开通运营以来一直安全运营，给这片高原带来了翻天覆地的变化，这是青藏铁路正外部性的最好诠释，也是其公益性的最好诠释。

（2）南疆铁路。

南疆铁路东起兰新铁路上的吐鲁番站，向西穿越天山山脉经库尔勒、阿克苏、阿图什到达我国西极新疆喀什市，为新疆的主要铁路干线，全长 1 446 千米。南疆铁路位于中国的西北方向，基于巩固国防、开发国土资源、促进少数民族地区稳定和发展而修建，具有国防线、政治线、稳定线、扶贫线等公益性质。

由于新疆地区特殊的自然环境，铁路日常维护成本极高并逐年递增。南疆铁路的修建成本巨大，由海拔 800 米升高至 3 000 米再降为 1 200 米，形成最大坡度为 22‰、长 240 多千米的连续大坡道，这在中国铁路建设史上是极少的。全线隧道总长 33 千米，其中咽喉地段的奎先隧道修筑在海拔 3 000 米的"冰达坂"上，长达 6 152 米。

南疆铁路交付运营后的实际运量很小（2008 年南疆铁路货运量仅为 1 211 万吨），而且面临管道等其他运输方式的竞争，增运增收潜力有限。1997 年库尔勒至鄯善的输油管道建成后，南疆铁路的运量大大减少。尽管南疆铁路采取措施加强管理，严控成本，并实行了特殊运价（1997 年运价为 1 339.97 元/万吨千米，即 0.133 997 元/吨千米），原铁道部和乌鲁木齐铁路局也给予了一定的补偿，但终因运量小、成本高而亏损严重。1997、1998、1999 年南疆铁路的运输亏损额分别为 6 300 万元、1.7 亿元、2.4 亿元。

根据近年来的新闻报道，南疆铁路沿线地质、地貌、气候条件十分复杂，为确保铁路运输安全和畅通，2000 年至 2011 年维护成本从 12.9 亿元增长到 51.4 亿元，年均增幅达 27%，维护成本耗资巨大。据统计，截至 2011 年，南疆铁路累计亏损占乌鲁木齐铁路局累计亏损总额的 64.5%。随着南疆铁路近年来的延伸，亏损不断加剧，新修建的喀什至和田铁路，地处沙漠边缘，沿线经济落后，缺乏大宗运输货源，目前每天只开行一对旅客列车，2011 年仅喀什至和田段铁路亏损就达

5 亿元，南疆铁路全线亏损达 17.6 亿元。

南疆铁路将南疆的主要城市连接起来，为该地区的经济发展提供了基础设施保障。南疆的矿产、瓜果、棉花等产品畅销全国，而汽车、电器、家居、日化等产品则安全高效地进入南疆市场。南疆铁路作为南疆旅游开发的一条轴线，有效地整合了离散分布的稀缺旅游资源，增强旅游经济增长及与旅游景区之间的互动，加速旅游经济增长以及向次级中心的扩散，以带动区域旅游经济迅速发展。

通过旅游资源的空间分布，确定不同等级的旅游发展点，南疆的交通干线便成为一个发展轴线，沿线的经济设施则成为新的聚集中心，大量的人口和经济单位在沿线集中，就成为一个大的密集产业带，交通直线则成为次一级的发展轴，最终形成以"点—轴"为标志的比较全面的空间结构系统。逐步形成独特的旅游区和旅游产品体系，深层次兼顾经济、社会和生态效益，实现旅游业的可持续发展。

南疆铁路促进了国土资源的开发，为国家带来了社会效益。南疆铁路沿线的五个地州（巴州、阿克苏、克州、喀什、和田）具有相当多的文物古迹和国家自然公园，拥有极为丰富的自然和人文旅游资源。铁路的开通加大了国内外游客的可进出性，加快了客源向南疆地区的流动速度，在西部大开发的政策下吸引更多的旅游投资者，为南疆地区的旅游体系尤其是铁路沿线的旅游资源开发与利用带去了发展机遇。由此可见，南疆铁路表现出明显的公益性质。

4.2 我国铁路公益性补偿机制

4.2.1 铁路公益性补偿现状

在国家"十三五"规划的要求下，预计 2020 年铁路旅客发送量将达 40 亿人、旅客周转量将达 16 000 亿人千米左右，货物发送量将达 37 亿吨，货物周转量将达 25 780 亿吨千米左右。但由于铁路公益性、投融资、债务处置等历史遗留问题，铁路运输业长期处于亏损状态，截止到 2011 年，公益运输线路亏损 700 亿元。由此看来，铁路公益性运输已成为当前的重要课题。

公益性补偿是公益性补偿机制的具体实践方式。补偿的主要形式有政府财政拨款、财政贴息、投资融资、税收政策，无偿划拨非货币性资产，以及其他各类优惠扶持政策等。目前铁路系统内部对于公益性问题的主要解决方式是实行交叉补贴，通过经营性所得利润去弥补铁路公益性所造成的亏损，包括路局之间的交叉补贴，运输服务项目之间的交叉补贴。

铁路行业所提供的服务是社会公众所需要的基本服务，属于普遍服务，需要保证所提供服务的稳定性、质量的可靠性和可依赖性。在市场经济体制下，作为一个参与市场竞争的服务型企业，铁路运输业仍实行"交叉补贴，内部消化公益性亏损"的方式承担社会职责，铁路运输服务的质量、稳定性以及依赖性均会因此受到影响，不利于铁路运输业的长期发展，不利于铁路运输服务质量改善和资源有效配置，也有悖于市场经济的基本原则。

针对我国铁路公益性运输与公益性线路，现行公益性补偿方式主要是"转移支付"，除了交叉补贴外还包括税收减免及铁路建设基金[49]。这三种补偿方式为我国铁路以及地方区域建设起到了一定的推动作用，减轻了铁路企业的经营和投资压力，具有一定的科学性和合理性，但同时也具有一定的弊端，在近年来具体实施过程中出现了不少问题。国家应当按照当前市场定价对公益性铁路或运输给予适当补偿，特别是竞争性充分、经济效益好的线路，政府应当充分发挥补偿责任主体地位，按照市场运作规律，保证运输企业效益和效率。

由此可知，铁路公益性补偿机制这一问题并非独立的问题，而是与铁路运价、财务清算体系等多方面问题相互联系的。而这些问题的背后是铁路体制机制改革这一深层次问题，"网运合一、高度融合"的体制使得经营性与公益性相互交织。如果不进一步深化铁路改革，探索实行统分结合的网运分离，铁路公益性补偿机制相关问题将无法得到解决。

铁路实施网运关系调整后，铁路运营类业务应彻底面向市场开放，将产生众多的运营公司，因此，运营是市场化的。运营公司都偏向经营运量较大、效益较好的线路，运量较小的线路只有较少甚至没有运营公司愿意运营，使得效益较差，导致公益性自然析出。由此可知，网运分离对于公益性自然析出有积极意义。

我国国情和路情决定了铁路必须承担公益性运输服务。出于国家利益和社会利益的考虑，铁路的公益性服务使公共集体获得利益而自己的收益小于成本甚至没有收益，铁路公益性所陷入的困境是目前亟须解决的关键问题之一。近年来我国大力开展国企改革工作，铁路作为国企改革的重要对象之一，企业改革持续推进，铁路公益性问题的解决方案也必须跟上铁路改革的步伐，防止公益性问题成为铁路未来发展过程中的短板。为此，我国现阶段亟须建立铁路公益性补偿机制。

4.2.2　我国铁路公益性补偿形式分析

1. 交叉补贴

（1）交叉补贴的经济学定义

在经济学上，交叉补贴是主导运营商进行的一种妨碍竞争的定价行为，应用于制造产业以及服务产业等行业。一般意义上的交叉补贴是指提供两种以上服务的厂商，从另一项不同的业务经营运作中所获得的资源和利润来填补提供另一种业务的亏损，支持该项业务的经营运作。根据规制经济学理论，为同一个经营单位的两种经营活动提供不同强度的激励会产生交叉补贴问题。

交叉补贴有两种表现形式。一是核算交叉补贴，即经营单位通过操纵账目，将一种活动的成本分摊到其他经营活动上。这种交叉补贴行为并没有造成实际配置的扭曲，如果能够建立严格的会计审计制度，就会在很大程度上改善产生这种形式的交叉补贴。另外一种交叉补贴即配置交叉补贴，其更加难以发现，而且会带来实际资源配置的扭曲。这种交叉补贴表现形式相对更加"隐形"，体现为将更多管理人员、管理时间和精力、更高质量的资本投入激励较强的经营活动中，而将质量相对较差的资本投入激励较弱的经营活动中。

交叉补贴虽然是通过扭曲现有垄断企业提供的不同服务的相对价格来实现的，但是该机制满足拉姆齐定价法，在对资源配置的消极影响最小的同时，允许企业至少不亏不盈，是自然垄断产业服务定价的最优规则，在世界范围内被普遍使用[54]。

对于主要提供社会效益的社会产业，Estelle 在 1983 年构建的交叉补贴模型中指出，社会企业往往开发出至少两种产品，一种是高使命导向却会造成亏损的产品；另外一种是低使命导向的，但可以将其投资净收入来补贴第一种产品的产品。社会企业通过交叉补贴为收入有高低之分的普通群与弱势群提供相对应的产品，改善了公共服务，效率与公平并重，弥补了政府和企业在社会服务方面的不足[55]。

对于社会产业而言，交叉补贴是在企业内部实现的，属于内部转移性支付。关系到社会效益的社会产业通常具有垄断性质，从理论上看，具有垄断性质的社会产业，其固定成本投资应该由政府来补偿，但是，在实际中企业往往无法从政府那里得到补贴。由于涉及公共利益，迫于利益压力，企业也不能以单纯提高价格的方式弥补成本和亏损，同时，企业会受到规制者对其财务预算平衡的要求。保持预算约束的原因主要是规制者强化预算约束的愿望，规制者希望通过预算约束强迫被规制厂商控制成本。基于以上原因，企业自身不得不以交叉补贴的方式，来达到保障整体效益的目的。

交叉补贴的实质是铁路经营性所得利润对公益性造成亏损的补贴，在补贴分类中可以看作一种"暗补"，对于铁路运输和电力系统这类服务型产业，使用交叉补偿的方式同样会面临类似的问题。

（2）交叉补贴在铁路财政管理中的体现。

财务收入的交叉补贴曾是国际铁路行业普遍采用的机制，有的国家铁路行业采用业务之间财务收入交叉补贴，有的国家铁路行业采用区域之间财务收入交叉补贴。目前，我国铁路也同样采取了这一财务管理方式，作为铁路公益性问题的解决办法，用盈利线路和运输服务的所得收入补偿偏远地区公益性铁路以及公益性运输项目的亏损。

原铁道部改革以前，先后经历了"管内归己，直通清算""收支两条线""清算单价""双挂钩""管内清算，系数调节""模拟区域运价清算"等多种收入分配方式。铁路运输业内部收入分配模式虽然发生了多次变化，但由于没有建立科学合理的清算价格体系，实际上始终没有摆脱高度集中的"收支两条线"，运输收入由原铁道部"统收、统支、统分"的清算模式[56]。

收入清算制度的连续改革只是各个铁路局之间利润分配制度的调整。一方面，不合理的收入清算办法会极大打击各路局的积极性；另一方面，企业收入分配权以及收益权仍然控制在原铁道部手中，作为运输主体的路局仍旧没有独立清算主体资格。这种收入再分配流程的实质，就是对铁路的公益性和经营性实行交叉补贴。

从企业管理角度讨论，公益性线路通常属于外围线路，其运输和维护成本高于中心区域，若以成本加成定价方法进行定价，不同区域甚至不同线路的运价都是有差异的，如此繁复的价格形成机制不具有操作性，相对而言，通过交叉补贴能够实现运价的统一，降低统计的繁杂度，效率更高，易于管理。

从社会效益及社会福利的角度来看，外围铁路低于平均成本定价造成对外围铁路的补贴，带动外围地区铁路网的建设和完善，对于促进外围区域市场交易、经济总量增加以及社会福利提升都有积极意义。若以提高票价、运价的形式提高企业利润，由于多数公益性线路位于西部或其他较为偏远的地区，这些地区往往经济状况和人民生活基本水平欠佳，这不符合公益性的本质，与线路规划建设目的相违背。铁路作为国家基础设施，关系到人民的基本生活，因此铁路企业需要受到规制，不能通过简单的提价达到盈利目的，同时，面对公路、航空、水路运输的竞争，提高价位将不再具有竞争力。

当然，从目前的发展状况来看，与电力行业面临的问题相似，交叉补贴已经不再完全适用于当下铁路产业的结构和铁路今后的长期发展，需要对该种管理方式做出一定的改善。一些典型的公益性运输和经营性运输关系不大甚至毫无关系，这首先就无法满足捆绑连带作用，无法提高整体利益，也就是说，从交叉补贴的根本目的来看，该机制实际上已经无效。

（3）交叉补贴的弊端。

尽管近年来因铁路公益性运输造成的损失越来越大，国家对铁路公益性运输问题基本上不认定、不实行财政补贴，要求其在铁路内部消化。因而原铁道部不得不进行交叉补贴，以实现自身内部运输收入的再分配，由此平衡铁路内部因公益性程度不同导致的收入差别和对公益性运输所造成的损失。

交叉补贴最主要的弊端是对铁路提供的不同运输产品价格的扭曲,造成铁路运输网络中的运输企业无法获得真实的收入和盈利水平。同时还可能造成以下影响。

第一,公益性运输与铁路内部的交叉补贴密切相关,在原铁道部体制下,铁路需要用盈利的业务来补贴亏损的业务,特别是要用经营性业务的盈利,来填补公益性运输的亏损。受此影响,铁路企业得不到有效的生产经营激励,导致经营效率低下。

第二,在交叉补贴的机制下,铁路企业出现的亏损即使是自身经营问题造成的,也可能出现声称亏损是由公益性运输导致的而向政府提出补贴要求的道德风险。在公益性与经营性运输界定不清的情况下,政府很难对铁路企业进行有效的监督和激励。

第三,铁路企业内部交叉补贴制度降低了铁路企业的总收益率,难以对其他经营主体和外部资金形成足够的吸引力。

通过分析可以看出,在市场经济条件下,让铁路运输企业完全承担公益性运输服务亏损显然是不合理的,代表社会整体利益的政府应承担起对铁路公益性进行适当补贴的责任。

2. 税收减免

税收减免是指根据国家一定时期的政治、经济、社会、政策要求,对生产经营活动中的某些特殊情况减轻或免除税收负担。其中,对应征税款依法减少征收为减税,对应征税款全部免除纳税义务为免税。目前我国的税收减免方式从属性分类上看主要分为以下几种。

① 从时间上可划分为定期减免和不定期减免。前者限于在规定的期限内给予减税免税,过期一般不再继续减免照顾;后者是对特定纳税人和特定征税对象在一定范围内给予的减税免税,没有固定的减免时间限制。

② 从性质上可划分为政策减免、困难减免和一般减免。政策减免,指配合国家有关政策所给予的减税免税;困难减免,指对纳税人因特殊情况纳税有困难而给予的减税免税;一般减免,指其他一般性的减税免税。

③ 从税法的关系上可划分为法定减免和非法定减免。前者指基本

税法中明文规定的减税免税；后者指基本税法规定以外的由行政性法规规定的减税免税。

我国铁路作为重要的社会基础设施，关系到人们的正常交通出行以及各类生产资料的运输，和人们的生活息息相关，具有明显的外部性。考虑铁路运输企业经营规模、企业公益性和经营性双重属性及税收政策等，国家对于铁路企业生产获得的收益，减少或者免掉其中部分税收换取铁路对公益性的支持。

原铁道部所享受的税收减免政策是在《铁路法》根据投资管理主体及是否具有公共服务属性对铁路进行分类的前提下，依据分类赋予的不同税收优惠政策。

以耕地占用税为例，《中华人民共和国耕地占用税法》第七条规定："铁路线路、公路线路、飞机场跑道、停机坪、港口、航道、水利工程占用耕地，减按每平方米二元的税额征收耕地占用税。"

以房产税和城镇土地使用税为例，《财政部国家税务总局关于股改及合资铁路运输企业房产税城镇土地使用税有关政策的通知》（财税〔2009〕132 号）规定："对股改铁路运输企业及合资铁路运输公司自用的房产、土地暂免征收房产税和城镇土地使用税。其中股改铁路运输企业是指铁路运输企业经国务院批准进行股份制改革成立的企业；合资铁路运输公司是指由铁道部及其所属铁路运输企业与地方政府、企业或其他投资者共同出资成立的铁路运输企业。"

根据以上政策的描述可以看出，专用铁路和铁路专用线不享受铁路耕地占用税的税收优惠政策，而关于股改铁路运输企业的税收优惠仅国家铁路有享受的可能性，纯粹的地方铁路、专用铁路和铁路专用线则无法享受针对合资铁路运输公司的税收优惠[57]。

随着原铁道部的撤销，国家铁路、地方铁路、企业专用铁路和铁路专用线的分类已不再适应当前铁路行业现状，以这种分类为基础确定税收优惠政策的处理方式需要进行相关的修订和完善。否则，某些承担公益性运输的铁路可能无法享受到相关的优惠政策，从而造成铁路税收不公平等问题，导致对社会资金的吸引力下降，不利于铁路改革多元化。在铁路直接运营管理方面，税费的增加与优惠政策的减少使铁路的经营状况和发展能力受到了很大的影响。虽然在企业经营管理方面税收优惠政策被逐步弱化，但在财政投资方面税收优惠政策却得到了加强。

2013 年，铁路行业实现政企分离改革，铁路产业的行政职能与企业职能进行了重组，行业结构发生了较大的变动。国务院于同年发布了《关于改革铁路投融资体制加快推进铁路建设的意见》（国发〔2013〕33 号），文件中表示，中铁总继续享有原铁道部税收减免政策，国务院及有关部门、地方政府对铁路实行的原有优惠政策继续执行。

国家税收法律法规规定，根据企业实际生产经营活动，国有铁路运输企业一般需要缴纳如下税费：流转税类，如营业税、增值税；所得税类，如企业所得税；财产税类，如房产税（房产对外出租取得的收入）、城镇土地使用税（对外提供土地使用权）、车船税、资源税；行为税和特定目的的税类，如印花税、契税、城市维护建设税、耕地占用税；附同流转税征收教育费附加、水利建设基金等。各铁路局运营业务的营业税由国家铁路局集中缴纳，企业所得税由国家铁路局汇总缴纳。

2014 年，国务院批准中铁总加大铁路投资计划，同期批准了铁路发展基金设立方案。方案指出，铁路发展基金主要投资国家规定的项目，社会投资人不直接参与铁路建设、经营，但保证其获得稳定合理回报。所筹资金主要用于国家批准的铁路项目资本金，规模不低于基金总额的 70%；其余资金投资土地综合开发等经营性项目，收益较高的开发项目可以提高基金投资效益。

根据《国务院关于铁路发展基金设立方案的批复》，铁路发展基金当期自身可分配收益不足以支付社会投资人约定回报时，对中国铁路总公司用于补足铁路发展基金收益的支出允许在中国铁路总公司税前成本中列支；对中国铁路发展基金股份有限公司获得的上述收益，免征企业所得税。对投入铁路发展基金的中央财政性资金，免征中国铁路总公司和中国铁路发展基金股份有限公司相应的资金账簿印花税。可见，该基金同时享受了国家税收减免的优惠政策，推动了发展基金影响力。

中铁总公布的 2016 年年度报告显示，中铁总 2016 年税前利润为 -11.73 亿元，所得税 -22.49 亿元，因而净利润 10.76 亿元，2016 年与上年同期净利润 6.81 亿元数据相比，提升了 58 个百分点。中国铁路总公司 2016 年的税前利润大幅下滑，受到这一年铁路基建以及货运收入等因素的影响，但最终在所得税的作用下实现了比 2014 年、2015 年更高的净利润。从上文可以发现，税收作为铁路营运支出的重要组成部分，能够对铁路的净利润造成巨大的影响。

2016 年 3 月，财政部下发《关于铁路债券利息收入所得税政策问题的通知》，文件表示，"对个人投资者持有 2016—2018 年发行的铁路债券个人投资者取得的利息收入，减按 50% 计入应纳税所得额计算征收个人所得税。税款则由兑付机构在向个人投资者兑付利息时代扣代缴。"铁路债券是指以中铁总为发行和偿还主体的债券，包括中国铁路建设债券、中期票据、短期融资券等债务融资工具。

对该文件进行解读可以看出，财政部对铁路债券利息收入的税费减免的目的之一，是为了吸引更多社会投资者参与铁路建设的投资。该文件与《关于改革铁路投融资体制加快推进铁路建设的意见》一起，鼓励多种形式的资本进入铁路行业，参与投资、管理、经营，推动铁路投融资体制改革，多方式、多渠道筹集建设资金，民间资本的涌入可以对铁路建设中的资金问题起到一定缓解的作用。该文件同时也传递了一个信息，即吸引更多民间资本投入铁路的发展，既能通过对企业铁路实施税收减免的优惠政策帮助企业发展，也能促进企业的资本组成更加多元化。

3. 铁路建设基金

铁路建设基金主要面向铁路货运货主这一特定对象征收。铁路货运是铁路收益的重要支撑点，政府为了实现铁路建设和弥补运输损失，按比例从货运运费中提取。铁路建设基金是铁路建设重要的资金来源，也是铁路融资担保的重要手段和还贷付息的重要资金渠道，随着国家《中长期铁路网规划》的实施，建设资金需求量十分巨大。

铁路建设基金作为专项基金，自征收以来，在促进铁路建设方面起到了重要的作用。铁路的运输价格体系造成行业收益率低，使其难以从资本市场直接融资，大幅度提高运价也由于经济体系的承受力差而难以实现，在这种情况下，铁路建设基金作为一种有效的替代手段应运而生，为铁路公益性补偿做出贡献。

1996 年，铁路建设基金管理办法开始实施。根据管理办法，铁路建设基金是指经国务院批准征收的专门用于铁路建设的政府性基金，由铁路运输企业在核收铁路货物运费时一并核收，性质上将作为铁路建设基金使用单位的国家资本金投入。铁路建设基金应主要用于国家计划内的大中型铁路建设项目以及与建设有关的支出，主要包括：铁路基本建设项目投资；购置铁路机车车辆；与建设有关的还本付息；建设项目的铺底资金；铁路勘测设计前期工作费用；合资铁路的注册资本金；建设项目的周转资金以及经财政部批准的其他支出。

根据报道，中国铁路货运数量巨大，特别是煤炭运量，占铁路货运总量的六成有余。铁路建设基金自 1991 年到 2014 年以来的征收总额直逼 10 000 亿元大关，2012 年—2017 年收取的铁路建设基金分别为 669 亿元、668 亿元、564 亿元、463 亿元、421 亿元、498 亿元。财政部几次在《财政部关于公布保留的政府性基金项目的通知》中将该基金保留，说明在一段时间甚至相当长的一段时间内，铁路建设基金的作用是不可替代的。

目前，煤炭、矿产资源产业利润下降，铁路建设基金的征收已成为煤炭、矿产资源运输成本的一大问题。作为铁路货运主要货物来源的煤炭和其他矿产资源，其运量的下降又将影响铁路货运的利润。以铁路发展基金为代表的其他铁路建设资金来源也许能使该问题得到一定的缓解。

4.3 我国公益性补偿存在的问题

铁路的公益性补偿存在的问题主要体现在以下几个方面：

（1）投资主体一直以来略显单一，公益性项目本身财务收益不显著、补偿不足，社会资金没有参与投资的积极性，过去主要由政府投资；

（2）投资分摊体系不规范，部分准公益性项目管理缺乏一个较为科学、规范的标准，国家投入、企业承担的投资比例不明确；

（3）有关补偿政策不清晰、不透明，参与投资准公共项目的社会资金所得到的补偿不到位，甚至比其他项目补贴少；

（4）公益性支出与经营性支出界限不清，公益性支出没有得到相应补偿，经营性支出不能适应市场经济要求，难以保持良性发展。

（5）现阶段在制度性安排上并不完整，在处理铁路公益性问题上没有形成完整的体系，补偿机制形式过于单一，缺少相关的保障机制。

现行公益性补偿方式是铁路政企合一时期政府解决铁路公益性运输实施的内部消化处理方法，国家仅实施税收优惠和减少铁路建设基金作为对铁路公益性的支持。当前铁路公益性补偿机制的根本性问题是缺乏制度性安排，加上补偿主体和补偿对象、补偿标准不明确，补偿方式单一、监督制度缺乏以及补偿评价体系未建立等问题，铁路公益性补偿问题一直未得到解决。

4.3.1　补偿主体和补偿对象不明确

我国较早时期的铁路管理体制是计划经济时代制定的、具有政企合一特征的铁路管理体制。在政企合一时期，原铁道部既是铁路行业的行政主管部门，又是直接经营国有铁路运输的企业；既代表国家行使国有资产的监督管理权，又有资产经营权；既是行业法规、条例的制定者，又是这些法规和条例的执行者。

铁路系统作为公共基础设施所带来的公益性效应，最大受益者是政府，企业是运输服务供给者。在政企合一时期，铁路兼具政府和企业职能，铁路既是补偿主体，又是补偿对象，两者不能区分和明确，补偿政策的制定以及补偿项目的具体实施将难以执行。组建中铁总后，企业内部部分管理方式、企业与政府之间的行为关系沿用了政企合一时期的处理方式。

造成我国铁路公益性补偿主体和补偿对象不明确、政企不分的原因之一是缺少合适的经济标准核算方法，包括企业税收管理以及运营收入的核算。由于我国铁路实施交叉补贴的处理方式，存在转移性支付性质的现象，各个铁路局共同完成的运输任务以及相互提供劳务活动发生的收付费无法较好地进行清算，因此各铁路局或铁路运输公司是否赢利，赢利数额被分配政策所影响。

从税务的征缴方面看，税务的集中征缴可能影响补偿主体参与铁路公益性补偿的积极性。一方面，可能导致地方政府无法直接享受到辖区内国有铁路运输企业所缴纳相关税费，降低了地方政府对其管理区域内铁路线路的投入与提供公益性补偿的积极性[23]；另一方面，由于地方政府相关参与度降低，对于管理区域内铁路的所属性质难以划分，不利于制定相应的税收减免政策，尤其是地方政府对于地方铁路公益性的补偿政策。

我国铁路需要中央以及地方政府共同承建，尤其是对铁路公益性要共同提供补偿。但在现有的处理方式下，没有明确的补偿主体与补偿对象，一方面加大了相关优惠、补偿政策的制定难度，另一方面可能因难以发现公益性亏损来源，继而难以发挥当前补偿政策的最大效用。

4.3.2 补偿标准和方法缺乏科学基础

我国对铁路公益性的补偿办法甚至铁路企业的内部管理办法在一定程度上缺乏科学基础。我国正处于一个各个方面均迅速发展的环境，企业的部分管理方式以及政府的对待方式与当前我国各行各业经济的快速发展步调不一致，尤其是 2013 年铁路行业实现政企分离并组建中铁总后，过去的补偿管理方式将不再具有完全的适应性。

1. 交叉补贴对我国目前铁路产业结构具有消极影响

我国铁路产业对其铁路内部收入的核算以及对公益性运输的补偿标准具有转移性支付性质，以经营性转移支付公益性，以经营利润来弥补公益性损失，即通过"交叉补贴"的方式来维持公益性服务的持续运营，包括路局之间的交叉补贴、运输服务项目之间的交叉补贴，具体支付能力及补偿力度以实际运输收入为基础确定。

交叉补贴这类补偿方法沿用自政企合一时期，但这类自行消化公益性运输成本的方式不具备科学性，违背价值规律和市场机制，会给铁路运输企业带来诸多不利的影响。目前，不少研究铁路公益性问题的学者都对其不利因素做出了解释[58]。

交叉补贴政策的第一个弊端，是不利于公益性线路成本的核算。目前铁路均使用较统一的客运或货运票价，企业实施交叉补贴将无法对铁路运输网络中各个线路或各类运输服务的成本进行精准的核算。

第一，成本的核算关系到企业内部管理方式的改善，同时更是今后企业制定相应发展建设计划的必要因子，没有较为详细的成本核算就难以获知相应的损失来源，难以发现经营管理中可能存在的问题，也就无法制订较为合适的计划，使企业在铁路公益性以及经营性的平衡中无法站稳脚跟。

第二，交叉补贴最直接的结果，是扭曲了铁路提供不同运输产品的相对价格，造成铁路运输网络中任何一个运输企业都无法获得的真实收入，无法反映出企业内部各线路和运输服务的真实盈利水平，长期执行不利于研究人员或学者对铁路经济状况进行科学分析[59]。

第三，企业内部各部门的盈利水平关系到各部门自身的经营绩效和管理人员管理经营的水准，经济发达或较发达地区，运输需求量较大，铁路已具有商业性质，这类铁路足够采用市场化和商业化的方式来维持自身稳定的建设和运营，然而，因转移性支付导致铁路公益性的介入会使企业无法很好地界定工作人员的劳动成果和工作评价，也无法较好地评价当前管理人员的管理水准，企业难以形成有效的激励约束机制，与市场化管理的原则相违背，进而可能降低铁路企业的经营效率。公益性所造成的损失倘若影响到了企业的正常经营，最终会反馈到公益性本身。

交叉补贴的第二个弊端，是不利于企业内部各部门、企业与政府之间的合作，从而降低铁路各部门的工作积极性，政府也无法对企业进行有效的监督。对政府而言，作为铁路公益性服务的最大受益者，政府并没有很好地履行其责任。表面上看，公益性运输成本交由企业承担，政府的财政负担减轻。公益性运输成本在政府低运价管制下未向前转嫁给消费者，而是向后完全转嫁给铁路企业，企业方的财政算不清楚，运量大的路局可能会亏损，运量小的路局反而盈利，没法调动企业的积极性；如果企业无法及时较好地处理内部的经营性损失与债务，政府最终还是不得不为铁路积累的巨额债务买单，所发生的费用实际上高不可估，整个社会的发展都将受到影响。

政府的公益性事业让企业承亏减负是不合理的，建立公益性运输补贴机制是必不可少的。但由于长期执行"交叉补贴"，公益性运输责任主体不清，政企财务边界模糊，"如何补贴、补贴多少"是政府和企业都不熟悉和不擅长解决的改革现实难题[60]。

2013年，我国铁路实施了政企分离改革，如果依旧沿用曾经政企合一时期的财政管理方式，经营性和公益性无法明确区分，铁路运输企业就难以形成自主经营、自负盈亏的市场主体，甚至还会影响铁路企业吸引外部投资的能力。铁路企业将落入这样一种窘境，既无法享受到过去政企合一模式下的待遇，又无法发挥市场经济的优势，不利于企业的可持续发展，更无法实现铁路改革的目标。因此，该补偿手段需要及时做出与企业管理机制相匹配的改善。

2. 铁路建设基金与货运需求方存在巨大矛盾

铁路建设基金是铁路建设重要的资金来源，也是铁路融资担保的重要手段和还贷付息的重要资金渠道。然而，这项铁路发展与建设的重要补偿手段却给那些依赖于铁路运输的其他产业带去了经济上的问题。

由于煤炭是大宗物资，每年通过铁路运输的煤炭占铁路货运总量的50%以上，2014年已达到22.9亿吨，占铁路货物运输总量接近60%，因此，煤炭企业成为铁路建设基金的主要承担者。煤炭、钢铁等大宗货物运量逐渐下滑，与运输运费形成了一个相互矛盾却又彼此依赖的经济怪圈。以煤炭为典型的矿产资源产业，其本身具有高成本、低价格、低利润的特征，近年来经济状况欠佳。

煤炭、钢铁、矿产等行业本身面临着诸多的产业问题，而在运输问题上，通过以"量"来获取利润的产业不仅仅要缴纳运费，还要缴纳建设基金，这在公平性与合理性问题上均存在一定的不妥。铁路建设基金从1991年以来就开始计划实施征收，但取消铁路建设基金的呼声同样已久。煤炭、钢铁行业普遍陷入困境，行业内大部分企业处于亏损状态，铁路建设基金无疑会成为相关企业的重大负担，对该行业的发展造成极其不利的影响。

财政部于 2002 年发布的《关于公布保留的政府性基金项目的通知》明确提出，将包括铁路建设基金在内的一批政府性基金或收费项目的征收期限保留到 2005 年年底。2005 年执行到期后，财政部于 2006 年 1 月发布《关于处理 18 项到期政府性基金政策有关事项的通知》，将铁路建设基金执行期限延续至 2006 年年底。2007 年 1 月，财政部在《关于延续农网还贷资金等 17 项政府性基金政策问题的通知》中又提出，铁路建设基金继续予以保留，并且没有设定新的执行期限。

对基金进行评定处理的几年内，煤炭行业曾走出长期亏损的局面，行业未受亏损，煤炭企业关于取消铁路建设基金的呼声也暂时小了下来。但市场中的经济活动是持续走动的，不能因为行业整体经济的形势一片大好就停下完善政策科学性、合理性的脚步。

根据报道，早在 2008 年、2009 年的全国两会上，山西省政协委员等多位人士就上交提案，建议取消煤炭铁路建设基金。其认为"铁路运输部门与货主之间是一种纯粹的市场行为，货运双方应本着平等互利、等价交换的原则进行"。行业亏损面的持续增大，产业利润下滑以及产能过剩等经济问题将会对国家经济以及人们的基本生活造成严重的影响。铁路货运这一经济行为中，运输企业征收了正常的货运费用后还要货主交纳巨额的铁路建设基金，实质上是将其他行业的收益无偿向铁路运输部门转移，形成了行业间的不平等竞争，有悖市场经济原则。

而根据全国人大代表、大同煤矿集团有限责任公司董事长张有喜对铁路建设基金的观点，"一是征收主体发生了变化。在市场经济体制没有完全建立，资本市场发育不成熟的体制转轨时期，设立铁路建设基金有其客观历史原因。随着铁路建设投资体制改革不断深化，多元化社会民营资本的逐步进入，尤其是中铁总成立后，征收主体已由国务院组成机构变为企业法人，铁路建设基金作为政府性基金，对企业继续征收'名不正言不顺'。二是征收对象发生了变化。铁路建设基金原规定由货运货主承担，在 1998 年以前，由买方缴纳铁路建设基金。但随着煤炭价格市场化，煤炭交易主要采取'平仓交货，下水结算'，从矿到港的铁路运输部分需缴纳的建设基金实际由煤矿企业承担。在这种情况下，煤矿企业已经成为铁路建设基金的主要承担者"[61]。

虽然最初设立铁路建设基金目的是为我国铁路建设与发展提供财力上的支持,但倘若该项政策成了铁路运输依赖企业发展的沉重负担,在煤炭、钢铁等行业经济低迷的环境下，将会导致我国铁路货运量的下降，铁路运输在与公路、船舶交通运输的竞争中丧失竞争力，最终导致铁路货运利润下降甚至亏损，形成一个难以走出的恶性循环。

2016 年的政府工作报告明确指出需要采取三项举措，减税降费,进一步减轻企业负担，取消违规设立的政府性基金，停征和归并一批政府性基金，扩大水利建设基金等免征范围等。如果铁路建设基金被取消，为了维持铁路企业的正常运营、保证铁路公益性效用的最大限度发挥，不得不找代替方案，这就需要制定更加具有科学性、合理性的政策以及法律法规。例如在铁路建设资金方面，吸引社会资本投资铁路建设，实现多元化的铁路建设投资机制，而对于造成亏损的公益性铁路，制定更加详细的补偿措施。

4.3.3　监督机制缺乏及补偿效果不明显

从企业内部的管理机制上看，现行的铁路公益性补偿方式是铁路内部转移支付，支付实际情况和支付能力没有评估和监督机制，转移支付后产生的运输效益也不能准确体现。通过铁路内部转移支付的方式弥补公益性铁路线路或运输服务所造成的损失，无法进行详细的亏损核算记录，在相关财政上缺少详细的记录就无法对工作情况进行科学的评价，进而无法判别铁路亏损的原因，即究竟是开展了公益性运输还是企业部门管理运营中存在问题导致企业亏损。

无论是将公益性亏损归结于企业管理，还是将企业内部管理经营性问题导致的损失视为公益性问题，进而向政府提出经济补贴或其他优惠政策的行为都是不合适的。在公益性与经营性混在一起不加区分的情况下，政府很难对铁路部门进行有效的激励和监督，无法对公益性铁路运营的亏损状况进行较好的监督,不利于相关优惠政策的制定，同时铁路内部转移支付维持公益性铁路运营的处理方式无法得到长期的保障。

建立补贴监督制度，对补偿对象进行监督，能够保证企业更为合理地使用补贴资金，避免企业因"糊涂账"造成铺张浪费，同时也能保证企业服务的经济效益和公益性社会效益达到适度平衡。对政府、企业同时进行监督，促使双方的合作更加深入，也使政府更加有效地发挥其能动性。

以医疗卫生体系为例，我国公立医院承担着大量的公共卫生服务，在"购买服务"为主的政府补偿模式下，政府将服务质量和效率作为重要的考核补偿依据《上海市进一步深化公立医院体制机制改革三年行动计划（2013—2015 年）》提出，要在确保社区卫生服务中心正常运行基础上，采取政府购买服务的方式和项目管理方式，对公共卫生服务给予专项补助。自 2012 年起，各行区开始对区域内社区卫生服务中心实施绩效考核补偿方案，将机构承担的公共卫生服务数量和质量指标、满意度等作为重要的考核指标，发挥补偿机制这一经济杠杆作用，引导医疗卫生机构主动提供公共卫生服务，激励和调动机构和医务人员的积极性[62]。

无论是客运还是货运，对于公益性运输以及公益性线路，铁路企业几乎无法从中得到相应的利润,同时政府提供的财政补助水平较低，企业整体政策性亏损严重，企业内部的转移性支付成为公益性铁路补偿的重要来源。伴随企业改革推进，查明内部的财务状况，查定公益性铁路实际的亏损情况以得出所需补偿，监督补偿资金的使用情况，为加强铁路企业经济管理、维护公益性提供决策依据，成为企业内部及政府补偿状况监督的发展方向。

目前，无论是企业内部还是政府均缺乏有利于公益性铁路运营的监督管理机制和科学健全的法律法规体系。一套严格的财务监管制度以及相关的财务管理办法能够明确收入和支出范围及标准，对重大支出进行审批；建立相应的监督制度，对不合理的违规行为进行揭露和改善。

4.3.4　补偿评价体系未建立

我国铁路目前所遭遇的种种问题并非彼此无关、相互独立，而是具有联系性，甚至还包含了因果性。补偿方式以及具体的补贴资金、补偿评估难以量化，均是因为前期问题未得到相应的解决。无论是评价体系还是监督机制，均是在公益性界定基础上的进一步完善。

若补贴主体仅仅是单纯提供补偿资金或各类优惠政策，可能会使补偿目标企业陷入"管理惰性"，造成企业在建设运营过程中出现的问题，不能及时有效地解决，甚至放任，导致管理松懈、滞后、混乱。根据各类技术指标建立补贴评价体系，在企业内部形成竞争，促进企业经营管理水平的提高，既能提高企业内部各部门运营效率，又能提高运营收入上限，间接为国家财政起到一定的节省作用。另外，科学地建立补偿评价体系，使补偿政策的制定依据更加可靠，才能够将补偿的促进作用最大化。

依然以公共卫生服务为例，以医疗机构为代表的公共卫生公益性服务数量指标包括综合性医院和社区卫生服务中心开展健康教育专项工作次数，承担突发性灾害和公共卫生事件应急处理任务次数，支边、援外、支农等政府指令性任务次数等 7 项指标。

医疗体系中将以上公益性服务指标和普通公共卫生服务指标进行区别，建立详细明确的公益性服务评价体系，有助于政府对公共卫生服务补偿政策的制定，使政府对医疗机构的公益性补偿有可靠的科学依据，既有助于补贴资金的下发，又使财政管理更加公开、透明，有效地防止补偿资金使用不当的现象。不仅是医疗机构，这些同样是铁路公益性补偿体系中需要解决的问题，透明公开化的公益性服务评价体系也能够促进机构实施相关服务的积极性。

当然，铁路交通和医疗体系也有很大的不同，虽然二者均关系到人民的基本生活，然而，铁路交通带来的是区域、社会发展和运作上的整体影响，民众可以直观感受到铁路对当地发展建设的增速。科学地建立补偿评价体系，能使补偿政策的制定依据更加可靠，将补偿的促进作用最大化。

4.3.5　我国铁路补偿形式过于单一

铁路行业实现政企分离以来，铁路系统的行政职能与企业职能不再统一，虽然我们希望铁路系统能够尽快适应改革所带来的改变，但管理方式以及相关的政策法规没有得到同步的完善与更新，针对铁路公益性的补偿尤其单一。

以国家对铁路系统的直接补贴为例，我国铁路具有普遍的公益性质，一些服务无法通过商业化运营补贴成本，铁路公益性主要以"低运价"为表现形式，在特殊时期还需要担负国家下达的运输任务，以维持人民的基本生活和社会的正常运转，因此国家给予适当补贴既符合实际也较为重要，尤其是在铁路改革初期，对铁路直接给予财政上的补贴有助于铁路系统中长期的建设与发展。

2013 年铁路政企分离，同年 8 月国务院提出对中铁总实行三年过渡性补贴。根据《国务院关于改革铁路投融资体制加快推进铁路建设的意见》表示，建立铁路公益性、政策性运输补贴的制度安排，为社会资本进入铁路创造条件。在理顺铁路运价、建立公益性运输核算制度之前，为解决中铁总建设项目资本金不足、利息负担重等问题，考虑到铁路运输公益性因素，中央财政将在 2013 年及其后两年对中铁总实行过渡性补贴。

一方面，直接补贴的补偿方式能够保证企业在过渡期实力持续增强，使企业抵御风险能力、盈利水平得到显著提高，进一步减轻企业财政负担，加快改革步伐，间接地在我国整体建设与发展中起到了积极的作用。另一方面，补贴制度的建立有利于吸引更多的社会资本进入。铁路是大投入项目，不能一直依靠国家投入，适时引进民间资本大有裨益，同时也积极响应了鼓励社会资本进入、铁路多元化这一项国家对铁路建设的指导意见。民间资本都是逐利的，铁路作为具有一定公益性的交通运输行业，不同于那些充分竞争性领域。因此，建立铁路合理的公益性、政策性运输补贴的制度安排，将会为社会资本进入铁路创造条件。

对于已转企的铁路总公司来说，对企业整体的财政补贴毕竟不是长久之计。在铁路公益性和经营性不能区分的环境下，国家对企业的过渡性补贴不能也不应造成企业的过度依赖，否则既不利于铁路公益性问题的解决，也不利于经营性线路经营管理方式的改善，单纯的财政补贴过于单一，在实际作用上具有局限性，并不利于铁路改革的可持续发展。这些因素决定了对整体的财政补贴只能是过渡性的、暂时性的，当企业发展步入正轨后就会退出舞台，同时需要的是有更加科学合理的补偿办法，建立起合理的补偿机制。

4.3.6 我国铁路公益性补偿缺乏制度性安排

对比日本、美国以及欧洲国家的铁路发展历程，我国铁路运输的公益性补偿机制缺乏相关制度性安排。无论是传统产业还是如今热门的以互联网、电子商务等为代表的新兴产业，对于任何一个行业，法律法规的建立不单单是对行业内各项经济行为进行约束和监管，同时也建立起了行业内各个主体基本权益的保障机制。

陆东福在参加全国国有企业改革经验交流会中提到过建立解决公益性亏损的制度性安排。2017 年 7 月 20 日，陆东福在参加全国国有企业改革经验交流会中提到"按照国务院领导要求，我们于 2016 年 11 月 29 日向国家发改委报送了《关于报请协调解决铁路债务和运营亏损问题的函》，同时抄送国务院办公厅、财政部、人民银行和银监会，就解决铁路债务问题和公益性亏损问题提出了相关建议措施。建议相关部门加大工作推进力度，尽快形成解决铁路债务问题和公益性亏损问题的制度性安排"。由此可以看出，制度性安排在铁路公益性问题中是很重要的问题，我国应借鉴其他国家的处理方式，尽快建立相关制度性安排，保障铁路公益性机制的建立。

国外铁路在处理公益性问题时，制定的法律法规中明确了补偿主体和补偿对象，对补偿主体的补偿范围进行了合理的划分，制定了相应的补偿标准、补偿方法以及补偿程序，使得其公益性问题得到了较好的解决。由此可见，别国在补偿铁路公益性时，通常都是依据某个法案，由法案、条例、实施细则等一系列规章制度来补偿；而我国在铁路公益性补偿中缺乏类似的制度性安排，缺少相关的保障机制，以致我国的铁路公益性问题面临巨大的挑战。

综上所述，虽然相关部门为应对我国铁路公益性问题已采取了一定的措施，但在处理铁路公益性问题上还没有形成完整的体系，补偿机制形式过于单一，缺少相关的保障机制。从长远来看，政府应制定多样化支持政策，以灵活的方式引导或扶持公益性铁路的建设与后期运营，从制度性安排上解决铁路公益性问题。

4.4 本章小结

本章详细分析了我国铁路公益性问题的现状。首先，明确了公益性运输和公益性铁路的相关定义，分类论述了我国铁路公益性运输项目内容和公益性铁路；其次，分析了目前我国铁路公益性问题处理的基本方式；最后，结合我国铁路公益性问题论述了目前公益性补偿存在的问题。

本章认为，目前我国铁路公益性问题主要的应对方式还存在部分问题：① 由于我国铁路发展历程以及自身规模等因素，补偿主体和补偿对象无法得到明确，铁路公益性问题解决效率较低；② 交叉补贴和铁路建设基金两种补偿方式在科学性上存在一定问题，不再适应当下铁路发展现状，需要进一步改善；③ 我国铁路公益性问题补偿机制缺乏监管与标准评价，所建立的补偿机制无法取得较好效果；④ 目前我国铁路补偿形式还过于单一，应制定灵活的补偿方案，实现多方受益；⑤ 在处理铁路公益性问题上还没有形成完整的体系，缺少相关的制度性安排。

本章从整体上论述了我国铁路公益性现状，在下一步研究中还需对本章观点进一步改善：① 进一步分析公益性运输和公益性线路运营现状，深入调研并分析公益性铁路盈利状况，为接下来的研究提供数据支持；② 对公益性补偿机制总体框架进行探究，对现有的补偿机制进行详细评价，通过充实本章内容为后续章节提供更有力的论据；③ 调研相关行业技术创新、管理创新，研究各类补偿方案与铁路公益性问题的可行性。

第 5 章 铁路公益性补偿：总体框架

铁路公益性是造成企业运营亏损的重要原因之一，应进行科学合理的处置。本章将在铁路公益性理论分析和现状分析的基础上，提出我国公益性补偿的总体框架，包括我国铁路公益性补偿原则、公益性铁路和运输界定、补偿主体对象的责任与义务、公益性补偿标准及核算方法以及公益性补偿的监督与评价。

5.1 铁路公益性补偿基本原则

铁路与经济领域内的诸多专家学者不断地对我国铁路改革进行探索研究，同时也提出了诸多建议与改革方案。根据这些专家学者的研究以及目前铁路产业公益性现状，铁路公益性问题可以归类并总结出一个明确的原则框架，该原则可以为专家学者在未来对铁路公益性问题进行研究提供方向，同时国家应依据最基本的原则建立起符合我国国情的铁路公益性补偿机制。

笔者认为，根据我国铁路行业特性和铁路改革发展的需要，建立铁路公益性补偿机制应遵循必要性、分类补偿、运输供给方受益、运输需求方补偿、政府主导和社会参与、权利与责任对等等原则。

1. 必要性原则

铁路承担了大量公益性运输并建设了多条公益性线路。铁路的公益性为国家带来了巨大的社会效益而无法直接为企业带来经济效益，给铁路企业带来了大量亏损，并不利于社会资本进入铁路。据了解，2016 年铁路承担的公益性亏损达到 1 626.23 亿元。因此，我国政府有必要对铁路公益性进行补偿，从而实现铁路健康、可持续发展的目标。

2. 分类补偿原则

我国曾出台文件明确要对国有企业进行分类改革，对铁路公益性实行分类补偿。分类对解决铁路公益性问题至关重要，通过对铁路公益性进行分类，可以将公益性线路和公益性运输分开，分类核算公益性线路和公益性运输的成本以及亏损，准确核算公益性铁路以及公益性运输的补偿标准，有效地监督公益性补偿资金的使用情况。因此，要以分类补偿为主要原则来完善公益性补偿机制。

3. 运输供给方受益原则

"谁提供，谁受益"，明确公益性补偿机制中的补偿对象。公益性产品会持续为社会带来巨大的社会效益，但对公益性产品的提供者而言，会产生其生产成本大于产品所带来的私人利益的现象。目前铁路系统实施交叉补贴的核算方式，即营利性线路及运输和公益性线路及运输的财务在内部实现平衡，虽然这能够保证各条铁路线路的正常运行，但不利于企业进入市场后的长期发展。运输供给方不能从公益性线路及运输中得到适当补偿，会严重影响铁路服务功能和质量，增加铁路成本负担，导致铁路经营和建设陷入恶性循环。

在此原则下，应根据铁路为社会带来的收益与运输管理成本进行比较，对铁路服务的公益性程度做出衡量，对不同的对象建立不同的补偿机制，使公益性补偿和运输利益收入总和不小于运输成本，提高运输供给方的服务质量和积极性，维持公益性铁路的正常运营。

4. 运输需求方补偿原则

为消除交叉补贴带来的价格扭曲，营造公平竞争的市场环境，应直接对铁路公益性进行补贴，按照"谁需求，谁补贴"的原则，对铁路企业公益性线路及公益性运输所造成的经济损失进行补偿。如政策性的低价或无偿运输等，由中央财政给予直接补贴；维持区域开发、地方要求开通铁路支线所造成的损失，由地方财政予以补贴。

为了避免公益性产业的市场失灵，需要使公益性产业不偏移或尽可能地靠近"帕累托最优"，需要对公益性产业进行帕累托改进，即公益性所带来社会效益的受益者拿出一部分利益来补偿公益性所造成的亏损，使公益性服务提供者的私人利益大于其公益性成本，以支持公益性服务的持续提供。铁路公益性运输受益方是国家和国家支持的具有公益性运输产品的企业，按照市场经济运行机制，享受公益性服务必然应向服务供给者付费或提供相应的补偿机制。

5. 政府主导和社会参与原则

由于铁路在国家安全、经济发展中具有重要作用，国家是铁路公益性最大的直接受益者，个人是间接受益者。国家有责任建立铁路公益性补偿制度，同时企业和个人也应当积极参与铁路公益性发展。

国外通过允许公益性铁路特许经营等方式对公益性铁路的建设给予支持，使公益性任务由多方共同承担。但目前国内对铁路公益性的补偿机制极不完善，仅仅靠铁路内部营利性线路和公益性线路的财务在企业内部实现平衡，虽然能够保证各条铁路线路的正常运行，但各条线路的收益回报难以独立核算，成为引导民间资本进入铁路领域的一大障碍，社会参与度低下。因此，政府应发挥其主导作用，依据合理的政策对铁路公益性进行扶持，吸引社会资金积极参与公益性铁路的建设与发展。

6. 权利与责任对等原则

铁路公益性服务质量是衡量公益性补偿实施效果最重要方面，应当明确公益性补偿主体和对象的权利和责任。铁路的建设要按照公益性和经营性来具体区分，对于铁路公益性要切实做到"据实补偿"，同时建立合法监督机制和评价机制，促进铁路公益性服务质量与水平的提升，将补偿权利和义务统一，政府和企业双方共同促进铁路公益性事业的可持续发展。

5.2 科学合理界定公益性铁路和运输产品

通过对我国铁路公益性现状进行探究发现其中存在的问题之后，需要对问题逐项分析，最后才能找到解决问题的方法。而分析问题的第一步，就是要科学合理地界定公益性铁路以及公益性运输产品。

铁路改革既要从宏观上找到长期发展的出路，也要从微观上细化研究对象，让解决办法更加具有针对性、明确性。这既是一个分类问题，也是解决后续问题的前提，只有完成了这第一步，才能为后续问题提供有力的依据。这既是解决铁路公益性问题的基础，也是铁路政企分离后，铁路企业完成自身管理升级的必经之路。

5.2.1 明确定义铁路公益性是制定补偿政策的基础

建立铁路公益性补偿机制的首要任务是界定公益性运输与公益性铁路，明确界定铁路公益性是制定公益性补偿政策的基础。长期以来，交通以及经济学等领域内的专家学者一直在对铁路公益性问题进行研究和探讨，尤其是在 2013 年我国铁路政企分离改革计划正式实施之后，针对铁路公益性的分类可算是百家争鸣。

中国铁路具有较强的公益性特征，铁路的建设和经营为社会经济发展提供了一个低的社会成本基础，为其他生产经营领域和经济主体产生更高的经济效益创造了条件，或者说是铁路公益性的外溢导致了其他生产领域和经济主体的高收益，甚至牺牲自身利益为国家的政治经济生活提供了某种前提条件。公益性铁路建设和经营存在极强的正外部性，它的社会效益一般高于自身的经济效益，这种特征会在相当长时间内存在。由于公益性的存在，将导致铁路运输企业的收益损失。

第 3 章的铁路公益性现状分析中已对我国铁路的公益性铁路以及公益性运输的定义做了详细的说明和分析。

（1）公益性铁路是指产生的社会效益大于经济效益的线路，主要服务于国家稳定、国土开发、民族团结等。以偏远地区的铁路为典型，这类公益性铁路建设项目投资大，运营成本高，资本沉淀周期长，建成后的经济效益低，后期收益能力通常无法得到保障，建设应当由国家投资为主。

（2）公益性运输服务通常无法通过商业化运营利润来弥补实际的运营成本，但关系到人民基本生活，出于社会整体因素公益性运输不可缺少。铁路公益性运输主要包括学生、伤残军人运输，抢险、扶贫、救灾物资运输，支农物资运输，军事物资运输，军运客运，特种物资运输。

尽管公益性在各个领域的具体表现有所不同，但本质上具有共同的属性，即非营利性、公共性和外部性，并且大多数学者认为，公益性铁路及运输盈利能力较差，需要得到政府财政补贴，才能保障公益性的充分实现。明确铁路公益性定义能够为铁路公益性补偿机制的制定提供较好的平台。

5.2.2　以铁路公益性划分推动铁路公益性职能与补偿责任

政企分离后，首先应对政府与铁路企业之间的利益和责任进行清晰的界定，在此基础上政企双方才能发挥各自的能动性，从市场以及国家调控等多方面对铁路企业承担的公益性线路建设与企业所提供的公益性运输服务进行合理的补偿与改善。

过去企业内部转移性支付的财政管理造成了铁路公益性的含糊不清，进而引出多个问题，如什么原因造成了铁路运营的亏损，哪些运输需要额外的财政补偿，补偿是否发挥了作用。没有针对性的公益性补偿机制，即使政府投入了补贴资金，也可能达不到预期的补偿效果，造成资金使用不当以及财政浪费。混乱的财政状况不利于企业财政管理，甚至可能引发一些管理腐败现象，需要引以为戒。

在处理公益性问题时，应该将铁路公益性进行划分，对不同类型的运输或线路，给出对应的补偿标准。这样不仅能推动铁路公益性职能的发挥，同时能够使政府对铁路公益性补偿有针对性，使各类型的运输和线路都能得到补偿，使补偿对象能够规范使用补贴资金，防止资金使用不当和财务管理状况混乱。将公益性问题理清，找到问题的缺口并针对性地进行处理，实际上也直接或间接地减轻国家的财政支出负担。

5.3 建立铁路公益性运输数据库

在公益性与经营性混在一起的情况下，政府很难对铁路部门进行有效的激励和监督。政府无法对公益性铁路运营的亏损状况进行较好的监督，不利于相关优惠政策的制定，同时铁路内部转移支付维持公益性铁路运营的处理方式无法得到长期保障。因此，建立铁路公益性运输数据库对处理铁路公益性问题而言显得尤为重要。

建立公益性运输数据库，能够保证企业有效核算铁路公益性和经营性成本及收益，避免企业因不合理使用补贴资金而造成铺张浪费，同时也能保证企业服务的经济效益和公益性社会效益。

我国建立铁路公益性运输的数据库应从两个方面考虑：一是将经营性运输和公益性运输分开，建立起相应数据库；二是将不同类型的铁路公益性运输的数据分开，建立起相应的数据库。

作者建议，首先应区分铁路经营性运输和公益性运输，公益性运输定义见 4.1.1，除了公益性运输之外的其他运输即为经营性运输；其次，通过积累分析学生、伤残军人、涉农物资、军事运输、灾害紧急救援等公益性运输基础数据，对不同的铁路公益性运输的成本、收益等建立起数据库，即对每一种公益性运输的成本、收益等分开记录数据，所有公益性运输的成本、收益等所组成的集合即为铁路公益性运输的数据库。

通过收集各类公益性运输的数据，建立铁路公益性运输数据库，可以进行详细的亏损核算，科学评价相关财政情况，并且基于公益性运输数据库可以制定相应的补偿标准，为国家制定铁路相关公益性补偿政策提供依据。

5.4 明确铁路公益性补偿主体和对象

我国铁路在过去很长一段时间内处于政企合一的管理体制，在铁路公益性补偿政策的制定与实施中存在补偿对象和补偿主体不明确的问题。政企分离后，对该问题的无视既不利于企业内部的管理与未来的发展，也不利于政府对企业的监督以及相关政策的制定。因此，在科学界定铁路公益性各类项目的前提下，依据相关的资料明确公益性补偿主体和补偿对象显得十分重要。

公益性问题既是一个社会民生问题，也是一个经济问题，明确主体和对象一方面就是要确定双方在社会中扮演的角色，规范双方应承担的社会责任与义务；另一方面就是要明确双方的经济关系，通过博弈的方法将经济效益与实际问题处理效率最大化。在研究的整个过程中，秉持"谁提供，谁受益"和"谁需求，谁补贴"原则。

在铁路公益性以及经营性两种性质的界定上，需要通过一定的手段判断公益性程度，借以明确哪些属于补偿对象；分析补偿对象的社会效益与经济效益，科学确定各类补偿对象的补偿方法以及补偿程度。同时，社会和政府作为铁路公益性的受益者，既应制定出公益性损失问题的解决对策，还应发挥其主导作用，引导社会积极参与共同建设铁路公益性事业。

5.4.1 明确补偿对象，让政策落实到点

铁道部拆分为中铁总和国家铁路局后，主体建设经营职能由中铁总负责。由于承担了我国铁路的企业职能，负责铁路的实际运营，铁路的实际经营能力与盈利状况均由铁路总公司负责和承担，因此在财政补贴的走向上，要明确应对具有企业职能的中铁总进行补贴。根据目前铁路系统的发展经营机制，铁路公益性的补偿对象不会有较大改变，补偿对象依旧是中铁总，但对于具体的补偿项目和补偿方式可以进一步向下划分。

明确公益性补偿对象可以从铁路性质分类方面研究。一方面，从铁路的权属方面分析，我国铁路权属分为国家铁路、地方铁路、合资铁路。根据铁路所有权归属不同，国家铁路和地方铁路应以财政拨款为主，其他投资参与，而非中铁总贷款投资；合资铁路应当根据协议商定出资比例。考虑了铁路的权属性质，还应考虑铁路承担过的公益性责任，例如对部分合资铁路，当其提供公益性服务时，其他参与投资方也因公益性职能产生了一定的亏损，也应对参与投资方提供一定

的经济补偿。

　　另一方面，明确公益性补偿对象可以从铁路公益性程度进行研究。一般认为，铁路运输服务中公益性程度较高的部分，应采取公共提供的方式；较低的部分，可采取混合供给制度或私人供给的方式。而如何确定对象的公益性程度是一个待解决的问题。

　　总体而言，大的目标是确定以中铁总为整体的补偿对象，通过考究公司管理各铁路线路的公益属性和经营能力，确定具体的补偿项目和方案，针对性地制定更加详细的公益性补贴使用标准，保证补偿政策具有法律性、科学性、可行性，在细节上对补贴的使用进行监管，让政策落到实处。

5.4.2　落实责任主体，保障公益运作

　　我国铁路普遍具有公益性质，根据铁路的具体分类，不同类别的铁路主要由不同的主体共同负责其建设与发展。因此，除了详细界定以铁路总公司为主体的补偿接受方，也需要依据相关的科学方法和实际情况对补偿的提供者和制定者进行分析。上文已经明确提到，对于国家铁路、地方铁路或合资铁路，考虑到铁路交通对地方各方面发展的联动作用，需要国家为其提供经济或政策上的支持，具体化各方责任，即需要中央以及地方政府的共同扶持。

　　根据铁路交通公益性的具体受益对象，科学地界定铁路公益性补偿主体，明确主体应有的责任和义务：首先，根据受益对象，铁路公益性补偿责任至少应该由中央政府和地方政府共同承担；其次，国家及政府提供的铁路公益性补偿机制应具有灵活性、适应性、多元性；最后，国家及政府还应承担铁路公益性服务提供的监督和评价责任。

　　铁路作为基础设施，其具有公益性，本身具有外部作用，人民的基本生活，关系到地区的规划与建设、关系到国家的经济发展。作为铁路最大的受益者，同时也是国家与社会的管理者，中央和地方政府及其下属单位应依据铁路的具体运营能力、当地的经济财政状况、主要服务对象、公益性运输项目等一系列依据，按各自的受益程度对铁

路公益性进行投入，共同完成铁路的建设和运营。

鉴于我国铁路系统正处于长期改革的过程之中，一些学者认为改革如果一蹴而就，可能会对社会造成较大动荡，不利于我国经济的平稳发展，因此公益性补偿机制从建立到完善是一个渐进性的过程。另一些学者提出，虽然完全解决公益性运输问题对中央政府来说较难选择，但也不能模糊解决，部分解决，部分遗留以后解决，否则低效率下的管理方式将会带来更多问题和更多损失。可以借鉴国外铁路公益性补偿的相关政策方法，在借鉴的同时也考虑到我国特殊的国情。无论是采用哪种方法，明确了补偿主体和补偿对象后，双方应从各自角度不断探寻更加有效的问题解决办法，保障铁路以及我国经济的快速发展。

综上所述，虽然政府作为公益性补偿主体，要发挥其主导作用困难重重，但只有明确了政府的主导地位，公益性问题的解决才更具执行力。

5.5　建立合理的铁路公益性补偿经济标准核算方法

2013 年 3 月 14 日，根据十二届全国人大一次会议批准的《国务院机构改革和职能转变方案》，实行铁路政企分开，中铁总正式成立。铁路系统被一分为二，实现了政企分离，建立铁路公益性运输补贴的制度安排被提上日程，要详细制定补偿策略，计算企业应得到的补贴额度，第一步就是要建立科学合理的公益性经济补偿核算方法。

然而，目前铁路系统实施的仍是原铁道部所采用的以交叉补贴为代表的内部转移性支付管理方法，通过经营性线路和公益性线路的财务在内部实现平衡。虽然这能够保证各条铁路线路的正常运行，但各条线路的收益回报难以独立核算，难以核算企业内部具体的财政情况，既不利于公益性相关数据的获取，也是引导社会资本进入铁路领域不得不面对的一大障碍。

究竟公益性业务是什么，具体范围如何衡量，铁路公益性运输与商业性运输收益核算模糊的问题如何解决，在公益性企业中又如何对公益性业务进行成本、投入以及损失的核算，这些问题的解决无论是在理论上，还是在实践应用上都具有非常重要的研究意义。过去的管理运营模式下，公益线路的财政状况核算方法复杂，成本高，核算结果不准确，甚至还可能出现财政欺骗等状况，不利于补偿机制的制定。

2013 年铁路政企分离以来，在以《国务院关于改革铁路投融资体制加快推进铁路建设的意见》为例的国务院发布的多项文件中，均提出了要建立健全核算制度，形成合理的补贴机制，针对的正是这一问题。因此，设计出一套适应当下经营管理模式和经济格局的经济核算方法刻不容缓，具体的定量标准将在第 6 章进行分析。

5.6　建立铁路公益性补偿监督和评价制度

明确我国铁路的公益性质，依据科学有效的铁路运输企业公益性经济标准核算方法，应建立起与公益性补偿机制相匹配的监督、评价制度。政府作为公益性补偿的主体，是补偿政策的主要制定者，无论采用何种补偿方式，我们都应将补贴与效率激励和对铁路的监督相结合，争取让铁路企业提供低成本、高质量的公益性运输服务。相应的监督与评价机制，不仅仅是政府及其下属管理机构应履行的职责，同时也为公益性补偿管理到位提供了具体保障，确保补偿方案能够实实在在发挥作用。

5.6.1　建立公益性补偿监督制度

2017 年 5 月 10 日，国务院办公厅转发《国务院国资委以管资本为主推进职能转变方案》，明确要求调整优化国资监管职能，改进监管方式手段，着力提高国有资本效率，增强国有企业活力。提出强化依法监管，实施分类监管，推进阳光监管，优化监管流程。

分类监管意见中，特别指出针对商业类和公益类国有企业的不同战略定位和发展目标，研究制定差异化的监管目标、监管重点和监管措施，因企施策推动企业改革发展，促进经济效益和社会效益有机统一。在战略规划制定、资本运作模式、人员选用机制、经营业绩考核等方面，实施更加精准有效的分类监管。

根据近年来的报道，铁路部门自称因公益服务损失巨大，这些数字是否真实可靠，是否经过独立第三方的核算，即使确实有那么大的损失，是否这些损失都应该摊到公益头上。这些都是没有对铁路公益性进行详细核算所带来的问题。

铁路公益性各类补偿机制需要理论和实际的数据作为依据，然而实际情况相当复杂。一些典型的公益性运输服务，由于项目种类复杂，加上目前企业内部转移性支付的财政管理方式，铁路公益性造成的损失难以核算，若是由政府去采集公益性损失金额，更是难上加难。因此，若不对损失进行合理有效的监督，就无法保证数据的真实性。

虚报亏损以获得额外补贴在一定程度上可看作一种偷税行为，如果企业存在该类欺骗行为，当发现虚报亏损，应处以铁路企业巨额的罚款；而对于企业自身公益性与经营性管理混淆，补偿机制可能无法对公益性铁路起到支持性作用，也不利于企业自身经营改善，公益性补偿没有作用到公益性服务上，公益性服务无法带来更多的社会效益，也变相地增加了社会成本。

根据以上分析，建立公益性补偿监督制度是极其必要的。总体上，监督制度需要从两方面考虑。

一是铁路公益性损失核算的监督。补偿程度是由公益性损失的程度决定的，若不对公益性经济损失的核算进行监督，损失程度的真实性难以界定。一方面，部分政府的补贴程度与公益性亏损程度直接挂钩，企业可能出现不如实上报、故意欺骗的情况；另一方面，政企分离后，企业负责铁路的经营性业务，而在目前的财政核算管理机制下，项目的公益性、商业性区分不清，铁路企业可能会将由于自身经营管理不善导致的经营性损失与公益性损失混淆，难以核算铁路的经营性效益，也难以核算公益性所造成的具体损失。

二是铁路公益性补偿使用情况的监督。政府对铁路的公益性补偿属于国家财产，必须严厉查处侵吞、贪污、输送、挥霍国有资产和逃废金融债务的行为，对重大违法违纪问题敷衍不追、隐匿不报、查处不力的，严格追究有关人员失职渎职责任，保证铁路运输企业在使用公益性补偿资金时合法且合理,发挥公益性财政补贴资金效益和效率。

对企业补贴资金的使用行为和使用情况进行监管，可从以下两方面着手。① 建立专业人员督查制度。采用定期和不定期相结合的方式，通过派督查专员或者从社会上雇用专业审计机构，对铁路运输企业的财务进行审查，以掌握补贴资金的具体使用去向，充分保证补贴资金使用的合理性。② 建立并完善多方参与的社会监督考核机制，通过一定的法律或政策手段督促铁路运输企业定期发布补贴资金的使用情况，接受社会公众监督。

具体的监督方法可以参考国内外其他基础设施公益性补偿机制中的监督机制，同时也要考虑实际状况。例如，建立专门监督检查机构、派督查专业人员或通过聘请第三方国家专业审计机构，对铁路运输企业的财务进行审查：既要对公益性损失进行审查，为公益性补贴资金的界定提供可靠的数据支持，也要对公益性项目和补贴资金使用情况和使用去向进行调查和取证，充分保证补贴资金使用的合理性。

当然，目前我国铁路各方管理机制还不成熟，监管机制产生的成本非常大。对于该类监管方式存在的问题更应该从多方位、多角度进行看待，按照事前制度规范、事中跟踪监控、事后监督问责的要求，力争做到创新监管方式和手段，更多采用市场化、法治化、信息化监管方式，引入新的信息技术，提高监管的针对性、实效性，通过时间不断改进、完善。

5.6.2 建立公益性补偿评价制度

铁路作为公共产品，体现的往往是社会效益，数据的采集难度高、工作量巨大，受益利润难以确定。由于关系到各行各业，在经济局势常年变动的情况下，数据时效性不高，研究人员无法计算出有效的经济效益。对于公益性的衡量，往往是一些质的标准，缺乏在量的方面的标准，无法对公益性进行评价。

根据第 3 章提到的国外铁路公益性改革案例,以日本 JB East 和德国 DB 为代表的竞争性公司,通过效益评价实现公司收益的最大化;以加拿大 VIA 和美国 Amtrak 为代表的公益性公司,则以运营效益评价作为获得政府财政补贴的依据,以维持公司正常运转[63]。

可以看出,一定的评价制度对于铁路系统的发展具有良性促进作用。针对铁路公益性运输服务亏损补贴资金的评价,其目的是保证补贴资金的合理使用,从而充分发挥铁路公益性运输服务财政补贴的效率和效益。因此,政府作为铁路公益性政策的主要制定者,建立科学的公益性补偿评价制度,以自身与企业作为评价对象,在对公益性铁路进行补偿的同时,帮助我国铁路产业快速进入健康稳定的发展时期。

评价机制就是要分析公司的经营成果、财务与现金流量状况,评价铁路单位运输效益以及合理的资产定价、管理费用水平、开行方案合理性,找到最优的补偿方法,同时改善公益性铁路自身的运营管理。由于补偿资源有限,评价机制在一定程度上也使企业内部各部门间形成了一种竞争机制,将当期考评结果与下期财政补贴挂钩,激励铁路运输企业提高补贴资金使用效率,促进企业自身升级。

建立完善的铁路运输财政补贴效果考评制度主要体现在两个方面:一是对当期补偿资金的评价,查定补偿资金对公益性亏损的弥补程度,对财政补贴资金的使用效率和效益进行评价;二是对铁路运输企业补偿效果的评估,确定补偿优先级别和力度,激励企业自身调整管理运营方式。

对于补偿资金效果评价,由于补贴资金及公益性财政损失是可直接衡量的,政府应以定量考评为主,通过建立一系列的补贴资金使用效率和公益性线路经济效益的评价指标,反映财政补贴的实际效果。

对于运输企业的补偿评估,我国铁路承担的业务涵盖了客运、货运、物流及客户服务等业务,而补偿效果很大一部分可以通过铁路系统实际的运营效益进行判断,因此可以结合铁路运营效益评价制度,分析二者相关性,根据效益评价激励企业改善自身经营,同时也减少了评价成本消耗。根据研究,从满足社会公益性需求的角度对提供的运输服务进行运营效益评价，以此作为企业争取政府公益性补贴的重要财务依据。因此，可以结合铁路效益的评价制度，从成本控制、产品服务质量、营运效率和保障能力、社会评价等方面建立相应的公益性补偿评价指标。

评价机制能使补贴和公益性服务所带来的社会效益达到最优平衡。在具体的考评过程中，政府应以定量考评为主，通过建立一系列的补贴资金使用效率和效益的评价指标，反映财政补贴的实际效果。同时，从政府和铁路运输服务使用者的角度设定考核评价指标，形成多方参与的铁路运输服务考评机制。这个阶段对于建立铁路公益性补偿机制，推进铁路逐步改革必不可少。

5.7 本章小节

本章在铁路公益性的理论下，结合国内外公益性问题解决办法和我国铁路公益性现状中面临的问题，为我国铁路公益性问题的解决方案以及未来需要明确解决的问题给出了相关建议。

制定并完善铁路公益性补偿机制，应从多个层面进行考虑。

① 在整体框架上应确定具有科学性、适应性的铁路公益性补偿机制原则，在铁路改革进程中，铁路自身行为以及面向铁路公益性问题的相关政策的制定围绕原则进行讨论。

② 科学合理界定铁路公益性，研究明确界定公益性铁路以及公益性运输项目的方法，这是解决后续问题的必要前提。

③ 明确公益性补偿主体和对象，从政府以及铁路总公司两方视角出发，寻求未来解决铁路公益性问题的有效途径。

④ 建立合理的铁路公益性补偿经济标准核算方法，改善铁路自身管理机制，为公益性补偿的后续工作提供必要的数据支持。

⑤ 建立铁路公益性补偿监督和评价制度，通过监督机制和评价机制为铁路改革提供重要防线，保障公益性补偿落实，改善解决办法的效率。

在给予适当补贴的同时，铁路监管部门和政府相关部门应制定铁路企业运输服务标准，督促其提高运输服务质量。在市场化条件成熟后，政府与铁路企业之间的市场化交易关系进一步完善，政府以需求者的身份对铁路运输服务提出各种要求并予以监督，从而保证铁路公益性运输服务的质量和效率。下一章将对铁路公益性补偿进行定量计算，对不同的公益项目提供不同的补偿方法，为政府对铁路公益性补偿提供依据。

第6章　铁路公益性补偿：补偿标准

本章通过分析铁路公益性补偿标准应考虑的因素，对铁路公益性造成的亏损进行测算，再根据我国铁路公益性表现形式，对公益性铁路以及不同的铁路公益性运输服务制定不同的补偿方式及方法，为我国铁路公益性补偿提供定量分析。

6.1　分类制定铁路公益性补偿的总体思路

从对我国铁路路网和运输项目公益性现状的调查和研究看，铁路运输在全国交通运输中起着举足轻重的作用。因此，要详细深入考虑铁路管理体系中各项细节。就现阶段看，至少应从铁路路网和运输两方面分别考虑铁路公益性补偿及相关财政管理制度，并根据前文对铁路公益性的界定，对不同类型的公益性运输或公益性铁路分类制定补偿方式及方法。

分类制定公益性补偿机制将使政府对铁路公益性补偿的资金得到更好的利用，更有利于核算和评价公益性补偿的效果，使铁路企业得到更好的发展。本节将提出公益性铁路和公益性运输分类补偿的总体思路，为分类制定补偿标准提供基础。

6.1.1　分类补偿的政策依据

1. 中共中央国务院关于国有企业改革的指导意见

为提高改革的针对性、监管的有效性、考核评价的科学性，根据国有资本的战略定位和发展目标，结合不同国有企业在经济社会发展中的作用、现状和发展需要，我国将国有企业分为商业类和公益类，并实行分类改革、分类发展、分类监管、分类定责、分类考核，推动国有企业同市场经济深入融合，促进国有企业经济效益和社会效益有机统一。商业类国有企业按照市场化要求实行商业化运作，以增强国有经济活力、放大国有资本功能、实现国有资产保值增值为主要目标。公益类国有企业以保障民生、服务社会、提供公共产品和服务为主要目标。按照谁出资谁分类的原则，履行出资人职责的机构负责制定所出资企业的功能界定和分类方案，划分并动态调整本地国有企业功能类别。

2. 国务院关于组建中国铁路总公司有关问题的批复

2013年《国务院关于组建中国铁路总公司有关问题的批复》中第八条指出"建立铁路公益性运输补贴机制。对于铁路承担的学生、伤残军人、涉农物资等公益性运输任务，以及青藏线、南疆线等有关公益性铁路的经营亏损，研究建立铁路公益性运输补贴机制，研究采取财政补贴等方式，对铁路公益性运输亏损给予适当补偿"。

由此可知，我国已明确要求对不同性质的国有企业进行分类管理，并且将公益性铁路和公益性运输分开了。因此，本书对公益性铁路和运输进行分类补偿。

6.1.2 明确补偿方式的类别

要分类制定补偿方法首先就要对补偿方式进行详细分析，明确各类补偿适用于公益性线路还是公益性运输，为分类制定补偿方法做好准备。对铁路公益性的补偿主要有直接财政补贴和政策扶持两种方式，其实质都是通过对公益性运输服务的购买实现铁路公益性运输服务的有效供给。具体又可分为显性补贴和隐性补贴两大类。

1. 显性补偿

显性补偿指政府以财政直接拨款的形式对铁路运输企业进行的现

金补贴。

（1）直接补贴。

阿科森-斯蒂格利茨定理（A-S 定理，1976 年）证明，直接对收入或劳动力等生产要素征税或提供补贴是实现收入再分配的最佳途径，而利用扭曲产品或服务的相对价格的方法是低效率的。因而可采取直接补贴的方式，消除交叉补贴带来的价格扭曲。直接补贴特别适合对公益性运输项目进行补贴。

（2）特许权竞争等方式。

在铁路运输业实行市场化改革之后，可以运用市场准入原则，通过公开招标引入特许权竞争，以确定具体的补贴额和购买价格。在符合可竞争市场的标准下，企业之间展开充分竞争，符合既定合同约束条件且成本报价最低的企业（即要求成本补贴最低或达成收入最高者），将被赋予特许经营权。

2. 隐性补偿

隐性补贴是指政府从税费、政策、规划等方面给予企业支持，通过非金钱补贴方式改善铁路运输企业的经营环境，增强市场竞争力。

（1）税费减免优惠。

适当地出台一些税收优惠政策，给予铁路企业相应的政府补贴。通过税收政策激励并弥补铁路运输企业提供公益性运输造成的损失，如适当减免铁路运输企业的所得税等。

（2）广告、商贸特许经营。

铁路运输企业在经营主业的同时，受政策允许可以开展多元化经营，以弥补主业形成的亏损。其中，广告、商贸特许经营等收益均归铁路运输企业所用。

（3）土地使用收益受让。

可以将铁路沿线的土地交给铁路企业，与铁路建设共同开发，土地使用的收益可以弥补公益性运输的损失。

（4）铁路公益性运输基金。

铁路运输企业按既定程序，提取一定比例的企业营业收入缴纳基金，承担公益性运输服务的企业从基金中得到货币补偿。这种满足了竞争要求的补偿方式，为各类铁路运输企业提供了公平的竞争环境。

6.1.3 明确分类制定补偿经济标准应考虑的因素

在明确铁路公益性补偿方式的类别之后，应进一步确定分类制定补偿标准应考虑的因素，为分类进行亏损核算和制定补偿标准提供依据。铁路公益性补偿经济标准确定应考虑如下四方面因素：① 铁路公益性所导致的直接经济损失；② 因为公益性运输放弃的经营性运输机会成本；③ 公益性铁路自身建设、运营以及维护的投入；④ 公益性运输带来的社会效益。

1．公益性运输

对于公益性运输而言，制定补偿标准时主要考虑三个方面的因素：铁路公益性所导致的直接经济损失；因公益性运输放弃的经营性运输机会成本；公益性运输带来的社会效益。

（1）核算铁路公益性运输所导致直接经济损失。

铁路公益性运输服务亏损主要由两部分构成：公益性减收和公益性增支。前者是指因外部政策性因素造成的铁路运输企业营运收入减少的量，后者是指因外部政策性因素造成的铁路运输企业因为开展公益性运输服务以及维护公益性线路带来的成本支出增加的量。

（2）核算因公益性运输放弃的经营性运输的机会成本。

不同于可直接计算成本，在明确界定公益性运输和商业性运输后，商业性运输成本通过铁路运输总成本减去公益性运输成本计算可得；商业性运输收益通过铁路运输总收益减去公益性运输收益计算可得。铁路的机会成本可看作一种间接产生的成本，虽然没有直接带来经济财产上的损失，也无法直接计算因公益性运输所导致的效益下降，但事实是公益性运输项目的开展的确为企业效益造成了负面影响，这部分也应该按照市场价格给予补偿。

（3）公益性运输带来的社会效益。

铁路运输属于准公共产品，铁路的经济评价及企业自身的财务评价也需要国民经济评价。为建立准公共项目公益性补偿机制，为补偿机制提供依据，也为社会效率得到提升，以使铁路企业和社会之间的利益得到均衡发展，需要找到方法衡量、核算铁路公益性运输带来的社会效益。

2. 公益性铁路

对于公益性铁路而言，制定补偿标准时主要考虑公益性铁路建设、运营、维护投入。铁路的建设、运营以及维护投入是企业财务支出的主要对象，如果不对公益性铁路的各类投入进行查定核算，也就无法获知公益性铁路的具体运营状况，无法制定与实际情况相适应的补偿标准，这些问题的解决不管在理论上，还是实践应用上都具有非常重要的研究意义。

6.1.4　明确铁路公益性补偿的基本依据

在明确分类制定公益性补偿经济标准应考虑的因素之后，应进一步明确铁路公益性补偿的基本依据，确定公益性强弱的判断标准，评价和判断铁路各类效益，为分类进行公益性补偿奠定基础。

1. 铁路的公益性强弱判断

铁路的建设和经营为社会经济发展提供了较低的社会成本基础，为其他生产经营领域和经济主体产生更高的经济效益创造了条件，或者说是公益性铁路的外溢使其他生产领域和经济主体产生较高收益，甚至牺牲自身利益为国家的政治经济生活提供了前提条件。在建设和经营存在极强的正外部性的条件下，公益性铁路的社会效益远高于自身的经济效益，尤其是公益性铁路，相较于投入成本，其获得的收益更是微乎其微，必须对公益性铁路给予一定的补偿。

根据本章铁路公益性补偿的总体框架，在公益性补偿基本原则的基准下，制定补偿方案的第一步是界定公益性铁路和公益性运输项目，判断公益性强弱，由此需要用一个特定的指数来衡量铁路的公益性。因此，提出了公益指数的概念，通过公益性指数的核算识别铁路项目的公益水平，即

$$公益指数 = \frac{利用者效益 + 环境改善效益}{利用者效益 + 环境改善效益 + 供给者效益}$$

本书将 0 和 1 作为公益性判断的两个阈值标准。当公益指数小于 0 时，表示项目不但没有公益性，而且存在负的外在性，这通常表示项目会对周围环境造成一定损失，并且产生消费者剩余不足以补偿环境的负效益；当公益指数大于 0 时，表示铁路项目存在正的外在性，具有公益性，公益指数值越大，表示公益性越强；如果公益指数大于 1，说明供给者效益为负数，表示铁路项目为纯公益性项目[64]。

在公益指数中，供给者效益主要指铁路线在一段时间内的运营收益，或铁路开展某一运输项目所获得的收益。当铁路的运营效益较低时，公益指数接近 1，当铁路的运营成本或运输项目运输成本高于利润时，供给者效益为负数，铁路亏本经营。

铁路的利用者效益从微观上看主要是消费者效益，从宏观上看主要指社会效益，包括民众的基本交通出行相较于过去所减少的成本、各地区必需物资的持续供应减少的运输成本，特定运输、军事运输节约的成本，开展抢险救灾运输项目所减少的损失等。

环境改善效益可以分为社会经济环境改善效益和自然环境改善效益[64]，即

$$铁路公益性运输损失 = 直接损失 + 间接损失$$

社会经济环境改善主要指该区域连通铁路后，经济发展水平的增长程度和增长速度，通常可由地区各季度 GDP（国内生产总值）、各地区城市化水平、工业化水平、常住人口等指标进行统计，结合社会效益计算方法计算。一些地区由于铁路开通，增加了人口外出机会，可能会造成劳动力流失，进而造成社会经济效益的减少，较为典型的例子是我国西南部分偏僻地区在铁路、公路连通后，大量年轻人外出打工，地区空巢老人、留守儿童增加，农业以及部分产业荒废。

自然环境改善效益主要指地区生态改善或遭破坏程度。自然环境改善主要包括地区荒山、荒地的改造。自然环境破坏则主要指自然生态保护区因铁路建设和列车行驶造成的消极影响、列车污染物排放等。生态环境的破坏需要额外投入用于生态治理，这部分会造成自然环境

改善效益的减少。

2. 铁路各类效益的评价与判断

结合本书铁路公益性补偿经济标准核算方法框架，核算利用者效益（即铁路运营的经济效益）时，应讨论公益性铁路或运输项目的直接经济损失、投入成本以及铁路承担这些项目造成的机会成本。利用者效益和环境改善效益的核算应结合统计部门的实际数据统计和社会效益评价方法。

（1）铁路经济效益评价方法。

由上节分析，供给者效益较小或为负数时，铁路具有强公益性。导致供给者效益为负数的原因是铁路运营的利润难以弥补其损失和投入的成本。

第一，铁路公益性运营损失的核算与评价。

根据第四章整体框架分析，铁路公益性的直接损失主要有四类，包括：长期以来的低票价政策；福利性项目；承担政府指令性任务；特定运输等其他直接损失。同时，铁路承担公益性运输项目放弃普通运输带来的机会成本，进而造成收益下降，这部分可以看作公益性服务带来的间接损失。

对公益性所造成的直接经济损失制定核算标准，需要从实际统计数据着手。以上四种不同因素所导致的直接经济损失是可计量的，所需的统计数据包括实际的客运量、货运量、运输周转量，运输业务开展次数，各类运输里程，正常运营的票价和运价收入，优惠力度，运输成本等，获取的数据量越丰富详细，直接经济损失的核算越准确。

铁路企业因承担公益性运输所付出的机会成本，即为放弃的同等资源占有的商业性运输收益，收益损失为按照商业性运输成本收益率计算出来的预期收益与公益性运输实际收益的差值。机会成本和铁路公益性的直接损失存在部分重合，但是重合部分可以通过统计数据的归类整理消除。

根据我国铁路管理模式现状，目前详细统计数据的获取具备一定难度。根据学者研究，铁路企业实行区域管理，并以联劳协作的方式组织生产，因而在成本、运量等统计计算过程中要涉及多个企业、多地区间的数据交换，从而造成统计计算结果可靠度不高。

以客运中的学生运输为例，虽然可以根据客运成本和学生运输的周转量计算出学生运输的成本，但实际计算做不到准确、真实，同时核算过程工作成本大，效率低。部分铁路具有强公益性，网络复杂程度较低，可单独管理的以新疆、西藏等地区为代表的铁路线路更容易统计各项数据指标，但对于一些公益性经营性混合程度更大的铁路，例如市郊旅客运输以及公益性线路，因为分类界定不明确，可能不容易确定其公益工作量。因此，针对这类损失，应进行技术更新、管理更新，尤其在近年来互联网、数据处理领域飞速发展的环境下，研究并实现符合铁路统计需求的相关技术设备。

第二，铁路公益性运营投入的核算与评价。

加大投入经营性较强的铁路能够相应带来收益的提升，但是加大公益性铁路的投入可能无法带来与投入匹配的经营收益，甚至不会带来收益的增长。因此，要对铁路公益性进行评价，同时为公益性补偿提供数据支持。

铁路建设、运营、维护投入综合来讲即铁路的前期建设成本以及后期的运营与维护成本，投入的核算即是成本的核算。按财务制度的要求可以划分为主营业务成本、管理费用、财务费用和营业外支出；按要素分为工资、材料、燃料、电力、折旧、外购劳务和其他。

我国目前的既有铁路和高速铁路需要线路结构、运行控制、运输组织和经营管理等方面的技术的支撑，在部门职能方面，铁路局下设车务、车辆、供电、客运、机务、工务、车站等部门，因此投入成本的核算从技术领域上看涉及面广。

从产业结构上看，我国铁路政企分离后，中国铁路总公司负责管理全国铁路的经营，对国家铁路实行高度集中、统一指挥的运输管理体制，实行总公司、局、站三级管理，下设 18 个铁路局集团公司，每个铁路局集团公司下设车站（机务段）或地方合资铁路公司。铁路集团公司的设立属于区域性管理体制，每个铁路局仅负责特定地区。因此，投入成本核算问题，应从各个部门逐层进行统计。

基于不同类别的投入问题，应该从不同的角度去详细具体地分析。铁路建设投入需要考虑铁路工程造价存在的问题以及如何有效地控制和管理铁路工程造价；管理方面，首先应科学制定未来发展目标和相关标准，从目前管理模糊所带来的弊端中汲取经验，从管理的微观层面到宏观层面全面地实施精细化，同时适应国家及企业自身的发展趋势，从传统的"生产型"向"市场型"转变；运营方面，结合实际工作经验，在财会管理、制度建设、人才队伍和精细管理等方面加以提高。在具体的核算方法上，引入先进的成本管理法，如作业成本法、目标成本法以及责任成本管理法[65]，同时也应考虑到企业现状，将各类核算方法进行改进。

（2）利用者效益和环境改善效益评价方法。

利用者效益中，一部分公益性运输项目相关效益可通过统计公益性运输项目数据进行计算，如运量、运程、货运周转量的统计，铁路方应与有关部门协调对比运价标准，核算开展这类运输项目节约的运输成本。部分公益性运输项目、公益性线路利用者效益和环境改善效益没有或仅有较少的直接相关数据，应采取特殊计算方法。

铁路交通提供的是一种无形的运输产品，没有实体，复杂多样，难以直接对其进行测算，因此不能通过单一产品的评价方法对铁路产业进行评价。近年来有不少学者提出了评价铁路社会效益的核算方法，考虑角度多样，虽存在一定弊端，但也具有相当的参考价值，较为典型的是结合影响群体法、效益成本法、等效功能替代法、实际市场价法等效益评价方法。

各类主流的分析方法均具有一定局限性，因此，可以结合多种算法建立综合评价法，通过各类算法的特点互相弥补缺点。例如，以影响群体法分析利用者效益，对利用者进行分类；以等效功能替代法衡量环境改善效益，对比公益性铁路或项目开通前后的环境改善情况，通过实际市场价法弥补其他算法难以量化的不足，结合类似案例进一步分析。

6.2　公益性铁路补偿方式及方法

公益性铁路"两低一高"的特征使其在运营初期乃至中远期亏损均不可避免，"两低一高"特征越突出的线路则亏损越严重，这类铁路的社会效益大于经济效益，全靠铁路企业自身承担是不可能的，需要政府与铁路企业共同负责。

6.2.1 核算公益性铁路建设、运营、维护投入

出于政治稳定、国土开发、民族团结、国防建设、社会公平等因素，国家会开通以国家利益和社会利益为主要目的的纯公益线路，因此应对这部分线路建设、运营及维护提供一定比例公益性补偿，或者通过特许竞争及特许经营等方式，来加以补贴。

铁路的建设、运营及维护投入是企业财务支出的主要对象，如果不对公益性铁路的各类投入进行查定核算，也就无法获知公益性铁路的具体运营状况，无法制定与实际情况相适应的补偿标准，这些问题的解决不管在理论上，还是实践应用上都具有非常重要的研究意义。因而需要理清公益性和经营性业务之间的界限，并针对企业中的公益性业务提出适当的建设、运营、维护投入方法。

1. 明确铁路投入方向

铁路前期建设主要是线路建设，包括桥梁及隧道的修建。通常铁路前期的建设投入巨大，部分偏远地区铁路由于自然环境恶劣，要求更高的安全标准，部分地区需要保护脆弱的生态也需要物力和财力上额外的投入。因此，满足公益性职能的线路投入需要单独考虑。

铁路具体的运营投入主要面向提供服务过程中所耗费资源，即铁路运输过程中发生的各种耗费，包括人力资源和物力资源。人力资源主要包括各个部门铁路员工工资、管理费用；物力资源则包括机车、车辆运营过程中的水、电消耗，为保证运输服务质量提供的必要消耗品等。公益性铁路和普通经营性铁路由于服务对象的数量差异，实际的运营投入也有所不同。

维护投入通常包括车辆设备的日常维护修理费用，线路、桥梁、隧道、路基和钢轨信号设施所需要的基础设施维护。部分环境恶劣地区的铁路通常损耗速度更快，需要的投入成本更多，但是铁路系统中的维护关系到列车运行安全，关系到生命财产安全，因此对铁路维护

的重视是没有商量余地的。

2. 研究铁路投入核算方法

铁路运输企业作为具有公益性和经营性的企业，应当提供社会所需的公益性业务的成本投入信息。由于我国铁路公益性和经营性界定模糊，没有考虑公益性线路和经营性线路、公益性产品和经营性产品的区别，因而根据现行的成本投入核算体系，无法得到公益性业务与经营性业务具体的投入状况。

现行的成本核算方法能够通过成本归集得到客运、货运、行包、基础设施和其他五类运输服务的总体成本状况和单位成本水平，但不能直接获得各类别下属的不同运输产品的成本，即成本核算时不能区分运输产品类别。比如客运中的学生、伤残军人公益性运输，成本可通过特定时间、地区的学生、伤残军人的客运周转量占总客运周转量的比例，即作为该部分公益性运输服务的成本计算，但是实际情况由于铁路企业实行区域管理，并以联劳协作的方式组织生产，因而在成本计算过程中要涉及多个企业间的数据交换，且大量的共同成本要按各铁路局自行测算的比例在不同成本核算对象间进行分摊，从而造成学生运输的成本计算做不到准确、真实[66]。

公益性运输中抢险、救灾物资的运输和支农物资的运输，具体分为两类，一类是物资发运时，已形成货票而无法收到运费的运输；另一类是由于抢险救灾时间紧迫，没来得及形成货票的运输，虽然可以通过实际与普通货运运价比较差值计算成本投入，但由于这部分运输关系到社会利益，运输项目更加紧急、关键，实际运输成本较普通运输投入更大，难以核算。

综合以上依据，现有的投入成本管理模式已较难满足铁路企业当前发展。因此，目前的核算标准需要引入先进的成本投入核算管理法来应对铁路企业的发展。

6.2.2 公益性铁路补偿方法

目前，学术界及业内对公益性铁路还没有一个具体、清晰的划定，原因是除了具有强公益性的青藏铁路、南疆铁路外，还存在不少公益性亦强于经营性的线路，且干线、支线和专用线构成复杂。在当前铁路改革进程中，铁路部门面临着债务处理、企业结构调整等诸多挑战，公益性铁路定位依旧处于模糊的状态。因此，对于路网的公益性，可在国家严格控制路网公司成本预算前提下，以交叉补贴为主，国家或地方政府对所在地路网公司给予一定的支持。

1. 建模思路

客货运量低，运营、维修、人工维护成本高是公益性线路亏损的主要原因,具有强公益性或较强公益性的铁路通常所在地理位置偏远,自然环境条件相较发达地区通常更为恶劣，人口密度较小，线路开通后所参与的运输项目频率并不会太高，具有明显的"两低一高"特征。

根据前述章节分析，当成本投入达到一定量后，继续对这类铁路给予投入也无法获得更多的社会效益，因此，在保证该类铁路能够完成服务沿线人口交通需求及特殊情况时公益性运输需求的前提下，应对这类铁路的成本预算做出严格控制，防止资本浪费，使其社会整体效益处于较优的平衡状态。

强公益性铁路在管理上通常较为独立，投入成本较大，同时，考虑到所在地区经济条件等因素，这类线路的补偿如果完全由国家提供会对国家带来较大的财政负担。尽管"交叉补贴"具有种种弊端，当前条件下针对公益性路网实施交叉补贴是一个较优的选择。

对于支线、市郊铁路等公益性相对较低的铁路，考虑到其自身一定的经营性和所处地理位置，路网本身的公益性难以界定，不易制定合理的补贴制度，也应以交叉补贴为主要的补偿形式，同时国家或地方政府从补贴、税收上提供一定的支持，以此鼓励支线路网运营。

具体的补偿措施方面，公益性线路的建设可以由国家给予一定比例的无息或低息贷款，公益性线路运营运输则应由国家对铁路每年或每个季度的亏损给予适当比例补偿。补偿并非对损失进行完全补贴，改革的需要和实际的补偿需要考虑政府财政的可承受能力，因此一种办法是筛选出最具典型特征的几条公益性线路，由中央政府和地方政府共同提供补偿。对于公益性铁路建设并交付运营的项目，可采取公共部门直接补贴或公开竞标的方式确定补贴金额，授权中标企业特许经营，并由中央财政予以适当补贴。

制定公益性线路的补贴方法首先就是要判断该铁路是否为公益性铁路。对于一条铁路而言，判断其是否为公益性铁路，在排除主观因素[①]之后，关键是判断其实际运量是否达到了设计运量。若该铁路的实际运量并未达到设计运量，则可以将该铁路定义为公益性铁路。公益性铁路的损失可以由其实际运量、设计运量和运价来确定，具体计算方法如下：

$$L = (A_i - A_i') \times P_i$$

其中，A_i 为第 i 年的设计运量，A_i' 为第 i 年的实际运量，P_i 为第 i 年的运输价格（公益性铁路因建设、养护维修所造成的损失已考虑在运价中，这里不予考虑）。铁路运输企业可以根据某一年公益性铁路的损失向政府申请补贴金额，并由政府审核，财政部具体执行。

2. 模型构建

为了激励企业实现自身效益，充分发挥铁路的公益性及正外部性，提升公益性铁路的服务质量，需要政府予以合适的补贴，因此要考虑建立基于社会总福利最大化的补贴模型。下文以客运为例来分析，货运的计算直接将货物周转量和货运价格带入即可。

（1）假设的建立。

假设 1：政府会以社会福利最大化制定公益性铁路的定价和补贴，并通过补贴政策，使企业在追求自身效益最佳的同时，也会达成社会总福利最大化的目标。

假设 2：公益性强度为旅客周转量相关函数。$I=I(K)$，I 为公益性强度，K 为旅客周转量。

假设 3：在政府补贴的过程中，公共财政资金转移支付到铁路企业，会产生政府剩余 $-m \cdot s(K,I)$，补贴 $S = S(K,I)$，K 为旅客周转量，m

---

① 例如，公司不运营对公司本身没有意义但有需求的线路，导致实际运量没有达到设计运量；再如，线路在设计的时候夸大设计运量，导致实际运量达不到设计运量，等等。

为公共财政资金的影子成本[①]（m 值通常取 1.5 ~ 2.0[67]）。

（2）模型的建立。

单位时间内，客运价格 P（××元/人公里）与旅客周转量 K、公益性强度 I 有一定函数关系，表示为

$$P = P(K, I) \tag{6-1}$$

成本 C 与旅客周转量 K 和公益性强度 I 的有一定函数关系，表示为：

$$C = C(K, I) \tag{6-2}$$

利润 π 可表示为

$$\pi = \pi(K, I) = P(K, I) \cdot K - C(K, I) \tag{6-3}$$

对政府而言，补贴 S 是旅客周转量 K 和公益性强度 I 的函数，表示为

$$S = S(K, I) \tag{6-4}$$

在政府补贴过程中，从公共财政资金转移支付到企业，此时会产生政府剩余，表示为

$$-m \cdot S(K, I) \tag{6-5}$$

政府制定补贴政策要考虑外部成本 E（如事故、环境成本等），E 与旅客周转量 K、公益性强度 I 有一定函数关系，表示为

$$E = E(K, I) \tag{6-6}$$

则，消费者剩余表示为

$$\int_0^K P(K, I) \mathrm{d}K - K \cdot P(K, I) \tag{6-7}$$

服务生产者利润表示为

[①] 影子成本为：在其他条件均不改变的情况下，改变第 i 种指标引起的总成本的改变量与第 i 种质量的改变量的比值。以福利最大为目标，如果政府筹资 1 元，政府公共资金要实现收支平衡，因此，社会公众要支出（1+m）元，其中，参数 m 通常被称为公共资金的影子成本。

$$\pi = \pi(K, I) = P(K, I) \cdot K - C(K, I) + S(K, I) \quad （6\text{-}8）$$

社会剩余表示为

$$N = -m \cdot S(K, I) - E(K, I) \quad （6\text{-}9）$$

社会总福利表示为

$$W(K, I) = \int_0^K P(K, I)\mathrm{d}K - C(K, I) - m \cdot S(K, I) - E(K, I) \quad （6\text{-}10）$$

（3）模型的求解。

由于假设政府会以社会总福利最大化制定公益性铁路的定价和补贴，并通过补贴政策，使铁路企业在追求自身效益最大的同时，也实现社会总福利最大化的目标，则有如下等式。

根据式（6-8），有一阶边际条件如下

$$\frac{\partial \pi}{\partial K} = K\frac{\partial P}{\partial K} + P - \frac{\partial C}{\partial K} + \frac{\partial S}{\partial K} = 0 \quad （6\text{-}11）$$

$$\frac{\partial \pi}{\partial I} = K\frac{\partial P}{\partial I} - \frac{\partial C}{\partial I} + \frac{\partial S}{\partial I} = 0 \quad （6\text{-}12）$$

根据式（6-11），有一阶边际条件如下

$$\frac{\partial W}{\partial K} = P - \frac{\partial C}{\partial K} - m\frac{\partial S}{\partial K} - \frac{\partial E}{\partial K} = 0 \quad （6\text{-}13）$$

$$\frac{\partial W}{\partial I} = \int_0^K \frac{\partial P}{\partial I}\mathrm{d}K - \frac{\partial C}{\partial I} - m\frac{\partial S}{\partial I} - \frac{\partial E}{\partial I} = 0 \quad （6\text{-}14）$$

根据式（6-12）~式（6-15）可得：

$$\frac{\partial S}{\partial K} = \frac{1}{1+m}\left(-K\frac{\partial P}{\partial K} - \frac{\partial E}{\partial K}\right) \quad （6\text{-}15）$$

$$\frac{\partial S}{\partial I} = \frac{1}{1+m}\left[\int_0^K \frac{\partial P}{\partial I}\mathrm{d}K - K\frac{\partial P}{\partial I} - \frac{\partial E}{\partial I}\right] \quad （6\text{-}16）$$

根据式（6-14）、式（6-16）可得

$$P = \frac{\partial C}{\partial K} + \frac{m}{1+m}\left(-K\frac{\partial P}{\partial K}\right) + \frac{1}{1+m}\frac{\partial E}{\partial K} \quad （6\text{-}17）$$

如果考虑到一定时间内，旅客周转量边际变动对铁路外部成本影响极小，则外部成本为常数，根据运输需求价格弹性公式

$$\delta = -\frac{P}{K} \cdot \frac{\partial K}{\partial P} \qquad (6\text{-}18)$$

代入式（6-18），得

$$P = \frac{\partial C}{\partial K} \Big/ \left(1 - \frac{m}{1+m} \cdot \frac{1}{\delta} \right) \qquad (6\text{-}19)$$

根据式（6-16）、式（6-19），得

$$\frac{\partial S}{\partial K} = \frac{1}{1+m} \left(\frac{P}{\delta} - \frac{\partial E}{\partial K} \right) \qquad (6\text{-}20)$$

考虑到一定时间内，旅客周转量边际变动对铁路外部成本影响极小，外部成本为常数，则式（6-21）可简化为

$$\frac{\partial S}{\partial K} = \frac{1}{1+m} \cdot \frac{P}{\delta} \qquad (6\text{-}21)$$

因此，在票价不变、外部成本为常数时，以社会总福利最大化为目标的补贴可简化为

$$S = \frac{1}{1+m} \cdot \frac{P}{\delta} \cdot K \qquad (6\text{-}22)$$

可见，补贴值 S 与运输价格 P、旅客周转量 K 成正比，与关于财政资金使用成本 m 的一个代数式 $1+m$ 以及需求价格弹性 δ 成反比。

3. 算例分析

青藏铁路是典型的公益性铁路，本书以青藏铁路格拉段的数据为基础，对格拉段的补偿金额进行算例分析。青藏铁路分两期建成，一期工程东起西宁市，西至格尔木市，1958 年开工建设，1984 年 5 月建成通车；二期工程，东起格尔木市，西至拉萨市，2001 年 6 月 29 日开工，2006 年 7 月 1 日全线通车。格尔木至拉萨段全长 1 142 千米，设计的最高速度为 160 千米/小时，运营速度为 100 千米/小时。格拉

段 2013—2017 年的旅客和货物周转量、收入如表 6-1 所示。

表 6-1　2013—2017 年青藏铁路格拉段的周转量

年份/年	旅客周转量/万人公里	货物周转量/万吨公里	客运收入/万元	货运收入/万元	客运价格/（元/人公里）	货运价格/（元/吨公里）
2013	241 618	510 302	45 951	15 074	0.190 18	0.029 5
2014	237 040	548 222	46 548	16 721	0.196 37	0.030 5
2015	259 723	522 181	50 672	17 414	0.195 10	0.033 3
2016	283 016	658 549	49 417	21 938	0.174 61	0.033 3
2017	302 583	646 869	51 624	20 275	0.170 61	0.031 3

根据式 6-19 计算得到客运和货运需求价格弹性，如表 6-2 所示。

表 6-2　2014—2017 年青藏铁路格拉段的客货运需求价格弹性

年份/年	客运需求价格弹性	货运需求价格弹性
2014	0.581 8	2.191 7
2015	14.790 2[①]	0.517 4
2016	8.539 3	—[②]
2017	3.017 5	0.295 7

本算例中的客运需求价格弹性和货运需求价格弹性分别取 0.5818、0.5174，客货运价格以 2014—2017 年价格为准，根据式 6-21 计算补贴金额，如表 6-3 至表 6-6 所示。

表 6-3　2014 年青藏铁路格拉段的补贴金额

m 值	2014 客运补偿标准/（元/人公里）	2014 货运补偿标准/（元/吨公里）	年度客运补贴金额/万元	年度货运补贴金额/万元	补贴总计/万元
1.5	0.135 0	0.023 6	32 002.44	12 926.77	44 929.21
1.6	0.129 8	0.022 7	30 771.57	12 429.58	43 201.15

---

① 2014—2015 年的客运运价变化较小，但旅客周转量变化较大，因此计算出来的客运需求价格弹性较大。

② 由于 2015—2016 年货运价格未发生变化，因此不存在价格弹性。

续表

m 值	2014客运补偿标准/（元/人公里）	2014货运补偿标准/（元/吨公里）	年度客运补贴金额/万元	年度货运补贴金额/万元	补贴总计/万元
1.7	0.125 0	0.021 8	29 631.89	11 969.23	41 601.12
1.8	0.120 5	0.021 1	28 573.60	11 541.75	40 115.35
1.9	0.116 4	0.020 3	27 588.31	11 143.76	38 732.07
2.0	0.112 5	0.019 6	26 668.70	10 772.30	37 441.00

表 6-4　2015 年青藏铁路格拉段的补贴金额

m 值	2015客运补偿标准/（元/人公里）	2015货运补偿标准/（元/吨公里）	年度客运补贴金额/万元	年度货运补贴金额/万元	补贴总计/万元
1.5	0.134 1	0.025 7	34 838.06	13 443.08	48 281.14
1.6	0.129 0	0.024 8	33 498.13	12 926.04	46 424.17
1.7	0.124 2	0.023 8	32 257.46	12 447.30	44 704.76
1.8	0.119 8	0.023 0	31 105.41	12 002.75	43 108.16
1.9	0.115 6	0.022 2	30 032.81	11 588.86	41 621.67
2.0	0.111 8	0.021 5	29 031.72	11 202.57	40 234.29

表 6-5　2016 年青藏铁路格拉段的补贴金额

m 值	2016客运补偿标准/（元/人公里）	2016货运补偿标准/（元/吨公里）	年度客运补贴金额/万元	年度货运补贴金额/万元	补贴总计/万元
1.5	0.120 0	0.025 7	33 975.54	16 953.75	50 929.30
1.6	0.115 4	0.024 8	32 668.79	16 301.69	48 970.48
1.7	0.111 2	0.023 8	31 458.83	15 697.92	47 156.75
1.8	0.107 2	0.023 0	30 335.30	15 137.28	45 472.59
1.9	0.103 5	0.022 2	29 289.26	14 615.31	43 904.56
2.0	0.100 0	0.021 5	28 312.95	14 128.13	42 441.08

表 6-6　2017 年青藏铁路格拉段的补贴金额

m 值	客运补偿标准/（元/人公里）	货运补偿标准/（元/吨公里）	年度客运补贴金额/万元	年度货运补贴金额/万元	补贴总计/万元
1.5	0.117 3	0.024 2	35 492.39	15 652.88	51 145.27
1.6	0.112 8	0.023 3	34 127.30	15 050.85	49 178.15
1.7	0.108 6	0.022 4	32 863.33	14 493.41	47 356.74
1.8	0.104 7	0.021 6	31 689.64	13 975.79	45 665.43
1.9	0.101 1	0.020 9	30 596.89	13 493.86	44 090.75
2.0	0.097 7	0.020 2	29 576.99	13 044.07	42 621.06

　　根据以上表格中的数据做出补偿标准的变化趋势图，如图 6-1 至图 6-3 所示。

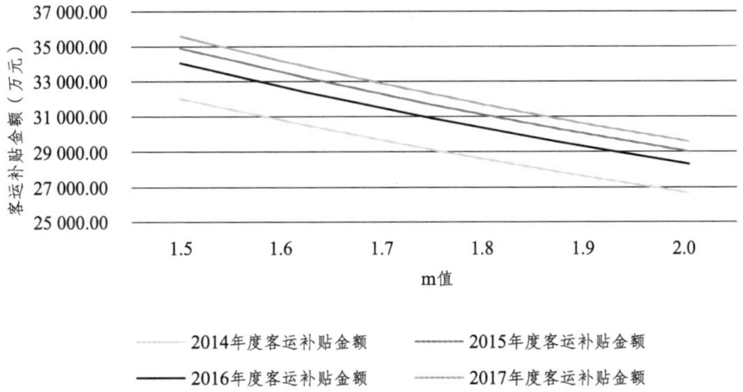

图 6-1　2014—2017 年度客运补偿变化趋势图

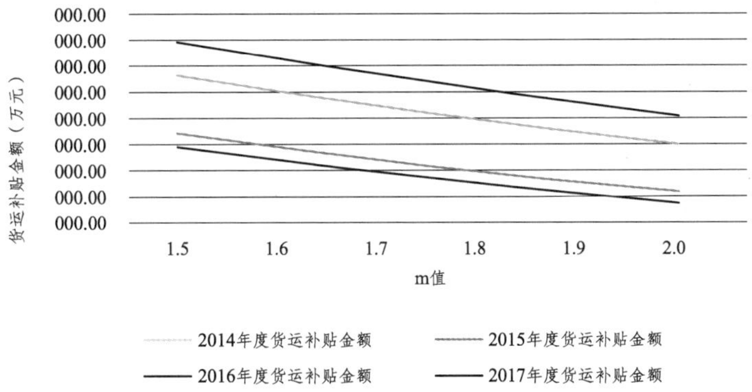

图 6-2　2014—2017 年度货运补偿变化趋势图

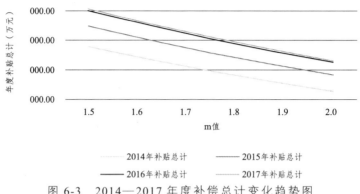

图 6-3　2014—2017 年度补偿总计变化趋势图

如图 6-1 至 6-3 所示，m 值的变化对补偿金额有一定的影响，随着 m 值的增大，客运补偿金额和货运补偿金额都会随之减小。由于客运需求价格弹性相对货运需求价格弹性较大，所以客运补偿金额的变化比货运补偿金额的变化更明显。

当 m 值固定时（这里取 1.65），补贴金额的变化趋势一样，年度客货运补偿金额如表 6-7 所示。

表 6-7　$m=1.65$ 的客货运补偿情况　　　　单位：万元

$m=1.65$	2014 年	2015 年	2016 年	2017 年
客运补偿	30 190.97	32 866.09	32 052.39	33 483.38
货运补偿	12 195.06	12 682.15	15 994.10	14 766.86
补偿总计	42 386.04	45 548.24	48 046.50	48 250.24

当 m 值固定时（这里取 1.65），年度客货运补偿金额变化趋势如图 6-4、图 6-5 所示。

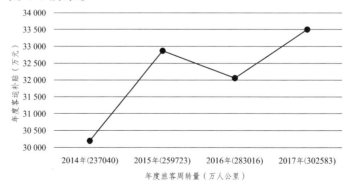

图 6-4　2014—2017 年年度客运补偿变化趋势图

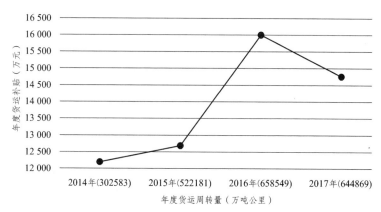

图 6-5　2014—2017 年年度货运补偿变化趋势图

由变化趋势图以及补贴模型可知，年度客货运收入不固定，导致运输需求价格弹性不固定，因此，当 m 值固定时，年度客货运补贴额跟周转量之间无明显相关关系。

6.3　公益性运输补偿方式及方法

按照现行规定，铁路运输企业承担公益性运输，必须以低于正常运价或完全免费的形式给予公益性运输请求方优惠，这给铁路企业带来了大量的损失，需要国家或地方政府对铁路企业给予一定的补偿。

6.3.1　建立公益性运输补偿标准应考虑的因素

1. 核算公益性运输所导致的直接经济损失

铁路因公益性所导致的亏损是多方面的，要处理并改善铁路经济标准核算问题，首先应该对铁路公益性运输服务亏损进行界定及分析成因。已有研究对我国铁路公益性亏损的来源进行了系统性的分析，铁路运输企业因承担公益性运输而造成企业自身营运收入减少与成本支出增加，由此导致的企业亏损称为铁路公益性运输服务亏损。

亏损成因可以从以下四点来考虑。

（1）价格规制与低票价政策。

长期以来，在政府严格管制下，铁路运输服务一直执行惠民的低票价政策，以等于甚至低于企业成本的价格向乘客提供产品。但是在成本方面，铁路运输企业的燃料、车辆配置、配件、人员工资等成本支出却必须按市场价格执行。运输票价背离市场规则，与企业成本倒挂，使得企业出现了不同程度的亏损，这可称为价格政策性亏损。

（2）承担社会福利性优惠项目。

当前，铁路运输企业在向社会提供运输服务的过程中，会在原来低票价政策的基础上，针对不同的乘车群体给予更大程度的优惠。铁路运输企业承担社会福利项目是铁路运输服务公益性的直接体现，在一定程度上带来运输服务使用者福利的提高，但往往是以牺牲企业的营运收入为代价的，由此造成的亏损可称为使用者福利性亏损。

（3）承担政府指令性任务。

铁路运输企业在日常的生产经营中，除提供安全、迅速、方便的运输服务外，还会承担政府指令性任务，如抢险、救灾物资运输等。在承担政府指令性任务过程中，铁路运输企业往往会因执行临时免费运输政策或因优先安排运力造成运营服务的机会损失，这类亏损可称为政府指令性亏损。

（4）其他公益性亏损。

铁路建设基金的收取范围为国家铁路正式营业线和执行统一运价的运营临管线。铁路运输企业因承担特定物资运输而少收或免收铁路建设基金，也可计入公益性运输损失。

以上四类公益性运输损失均属于直观上可以感受、可以统计的损失，是直接经济损失。通常认为，直接经济损失主要是在我国铁路公益性运输中，运输供给方因提供的营利性较低甚至难以弥补运输成本的运输服务，从而直接造成的经济损失。

这部分主要是指铁路承担的低运价或免运价的产品，如客运服务中市郊、支线或地理环境较为恶劣的偏远地区的旅客运输，学生、伤残军人半价客票优惠运输等；货运中以低运价运输粮食、支农物资、军用物资运输等战略资源运输或抢险救灾物资等运输服务。

2. 核算因公益性运输放弃的经营性运输的机会成本

机会成本是指在面临多方案而必须择一决策时，因舍弃了选项中的最高价值者所造成的最大的损失。机会成本对商业公司来说，可以是利用一定的时间或资源生产一种商品时，失去的利用这些资源生产其他最佳替代品的机会。

通常认为，机会成本不构成一般意义上的成本，不构成企业的实际支出，也不入账，但其应该是决策者进行决策时必须考虑的现实因素。经济学认为，资源被用于某一种用途就意味着它不能被用于其他用途，使用某一资源时，应当考虑它的最好用途，失去越少越明智。

铁路运输公益性与商业性的矛盾由来已久，主要体现在商业性运输受市场规律作用追求利润最大化，而一些公益性运输为实现正外部性，企业盈利少或不盈利。若运输企业仅从商业性角度设计其市场行为，公益性运输不能保证，必将影响国家职能的发挥和运输企业公共责任的履行。因此，铁路作为企业的同时也作为国家基础设施，产生机会成本是必然的。

机会成本通常在经营性线路承担公益性运输项目时产生。针对一些经营性较好、能够盈利的线路，由于国家对公益性运输需求（如学生、伤残军人运输，抢险、救灾物资运输等）失去了本可以通过市场价格承运其他企业运输需求的机会，造成间接经济损失，影响铁路企业效益。

不同于可直接计算成本，在明确界定公益性运输和商业性运输后，商业性运输成本通过铁路运输总成本减去公益性运输成本计算可得；商业性运输收益通过铁路运输总收益减去公益性运输收益计算可得。铁路的机会成本可看作一种间接产生的成本，虽然没有直接带来经济财产上的损失，也无法直接计算因公益性运输所导致的效益下降，但事实是公益性运输项目的开展的确为企业效益造成了负面影响，这部分也应该按照市场价格给予补偿。

3. 核算公益性运输带来的社会效益

社会效益是企业或其他主体活动实施后为社会所做的贡献，承担社会义务所增加的资源或给社会带来的收入，也称外部间接经济效益。铁路的社会效益通常通过其外部性表现。

社会效益通过企业经济活动给社会带来的收入和该活动带来的损耗（社会成本）之差来衡量，通常也被称为企业所提供的社会贡献净额。社会效益无法像经济效益那样通过某种核算方式得出具体的值，进而难以通过社会效益判断企业或主体的实际经营状况。

（1）铁路社会效益的表现形式。

首先，铁路的建设和运营需要从国家角度考虑其经济可行性，即需要进行国民经济评价以计算铁路项目需要付出的代价和对国家的贡献。不同于普通的制造产业，铁路交通提供的是一种无形的运输产品，虽然铁路因其本身具有的经营性在发达地区能够通过较大运量实现盈利，但这类盈利仅仅是企业自身财务状况的表现，无法直接体现铁路的国民经济效益。

铁路所带来的"效益"包含了企业自身得到的收益以及直接消费者从中受益的部分，但更包含对客观环境带来的外部效应。

铁路运输项目对地区环境的影响差异，包括交通事故、噪声、气体排放、文化遗产、地形地质环境、动植物影响，环境效益难以量化，只能定性分析，但是分析的因素可以尽可能量化。

例如，铁路在发挥运营服务功能的同时，既完成了消费方空间位移的任务要求，也改善了沿线生态环境和投资环境，使沿线土地增值，带动了周边生态旅游业发展，使相关利益群体受益。

铁路交通所带来的影响更多是间接性的，但也是关键的。铁路产业所带来的社会效益决定了铁路和国家经济发展速度的紧密联系，也关系到社会中的每一个个体。

（2）现有的社会效益评价方法。

铁路交通提供的是一种无形的运输产品，没有实体，复杂多样，无法直接对其进行测算。因此不能通过单一产品的评价方法对铁路产业进行评价。近年来有不少学者提出了评价铁路社会效益的核算方法，考虑角度多样，虽存在一定弊端，但也具有相当的参考价值。

判断铁路国民经济效益可以通过影响群体法，以费用效益分析法为基础，定量分析运输服务消费者、运输项目的提供者和项目实施的环境影响三者所受到的正面或负面的影响，虽然比较系统全面，但较为抽象。

效益成本法，从准公共项目功能角度，根据项目的经营性功能和社会效益功能来界定公益性资产，按照功能大小来分摊准公共项目的投资。效益成本法难点在于项目费用社会效益或间接效益难以量化。

等效功能替代法，对效益难以量化的公共项目可以采用具有等效功能的方法来测算费用并分摊投资，如达到某种灌溉能力的水库投资测算生态环境改善应补偿的投资费用，环境效益则通过考虑改善环境所付出代价来计算投资分摊额。

实际市场价法，根据政府指导收费价格与市场实际价格的差异来进行补偿，包括节假日免费或承担公共事件应急救援发生的费用或减少的收费来补偿。

社会效益的评价还能通过其他多种方法取得，例如可以采用费用-效益分析法或矩阵式费用-效果分析法对社会公益性投资项目进行分析与评价，无法定量评价的社会效益和环境效益，可以运用模糊数学理论和层次分析方法构建公益性项目效益审计评价模型。通常，为了保证评价的客观性、准确性、可靠性，各类社会效益评价方法应用于其特定的情况，具有一定的局限性。

6.3.2　铁路公益性运输服务亏损的测算

对铁路公益性运输服务亏损进行测算，首先假定：① 根据公益性因素对铁路运输企业所产生的影响效果，将其划分为价格政策性亏损、使用者福利性亏损、政府指令性亏损及其他公益性亏损四类，各分项单独测算，然后累加求和；② 各种公益性因素的影响效果是完全可计量的；③ 各种公益性因素之间相互独立，可以通过分类实现单独测算。

基于以上假定条件，铁路公益性运输亏损测算模型如下

$$S = S_p + S_W + S_I + S_E$$

其中：S 为铁路公益性运输亏损总额；S_p 为价格政策性亏损；S_W 为使用者福利性亏损；S_I 为政府指令性亏损；S_E 为其他公益性亏损。

当且仅当 $S > 0$ 时，所测算铁路运输服务处于理论亏损状态，即未能达到合理利润率，此时应将该铁路运输服务列为政府财政补贴的对象。

1. 价格政策性亏损测算

由于国家发改委放松铁路货运价格，铁路货运价格由"价格管制"走向市场调节，这里只考虑客运价格政策性亏损。价格政策性亏损可以表示为

$$S_p = [C_u \times (1 + f_r) - P_g] \times Q_g$$

其中：C_u 为每人公里成本定额；f_r 为合理成本利润率；P_g 为运输服务规制票价；Q_g 为实际客运量。

当 $S_p > 0$ 时，说明在现行的规制票价下，铁路运输企业营运收入不足以达到抵消合理成本和实现合理利润的要求，处于理论亏损状态。

当 $S_p = 0$ 时，说明在现行的规制票价下，实际成本利润率刚好等于合理成本利润率；

当 $S_p < 0$ 时，说明该铁路运输线路可以实现较高的成本利润率，且该成本利润率大于合理成本利润率。

2. 使用者福利性亏损测算

使用者福利性亏损是指在铁路运输规制票价的基础上，针对不同服务群体所给予的更大程度的优惠措施，反映到铁路运输企业则是一种政策性减收，故而使用者福利性亏损可以表示为

$$S_W = \sum_{i=1}^{n} D_i = \sum_{p=1}^{n} D_p + \sum_{f=1}^{n} D_f = D_s + D_a = \sum_{i=1}^{n} P_{gi} \times d_i \times Q_{wi}$$

其中：D_i 为各类优惠额度；D_p 为特定群体客运优惠额；D_f 为特定群体货运优惠额；D_s 为学生票、伤残军人优惠额；D_a 为支农物资优惠额；P_{gi} 为运输服务票价；d_i 为优惠幅度；Q_{wi} 为客/货运量。

3. 政府指令性亏损测算

政府指令性亏损是铁路运输企业因承担政府指令性任务而造成的

一种政策性增支或减收，为了便于测算，可以从企业政策性增支的角度来分析，测算方法如下

$$S_i = \sum_{i=1}^{w}(C_j + F_j)$$

其中：C_j 为直接营运成本；F_j 为间接费用摊提；w 为承担政府指令性任务的次数。

这里直接营运成本 C_j 主要是指测算期内铁路运输企业每次在承担政府指令性任务过程中，直接产生的抽调机车费用、燃料费、人工费用等；间接费用摊提 F_j 主要是指管理费用、财务费用、固定资产折旧、维修费、营业税金及附加等。由于政府指令性亏损具有突发性、临时性的特征，所以应予以独立的成本核算。直接运营成本直接计入亏损，间接费用摊提可根据运输企业在承担政府指令性任务中所投入的公益性运输客（货）运周转量占测算期内企业总客（货）运周转量的比例进行计算。

4. 其他公益性政策亏损测算

根据国家要求对特定物资免征铁路建设基金，其所造成的亏损也可归于公益性运输亏损。计算公式为

铁路建设基金亏损=铁路建设基金费率×免征铁路建设基金特定
物资计费重量（箱数或轴数）×运价里程

通过以上亏损测算，可以定量计算铁路企业在不同运输中的亏损情况，有关单位可以根据测算得到的亏损情况对不同的运输制定不同的补偿方法，针对性地解决铁路公益性补偿机制相关问题，以促进铁路运输企业健康发展。

为了准确评价铁路项目的社会效益，同时为合理判别铁路公益性创造条件，学者或相关研究人员需要对铁路经济效益评价方法进行不断的完善。未来的工作需要在研究方向上通过运输服务消费者、运输项目的提供者和项目实施的环境影响等多方面的探究,建立较为全面、系统、可行的效益分析模型。

铁路的社会效益分析是判断铁路公益性的重要依据，也能为铁路改革提供实际的指引。可在保证铁路社会效益持续增长的前提下，防止一些与社会效益相违背的铁路建设运营机制导致的对铁路运量、质量的恶性影响，同时也应通过铁路社会效益的界定补偿铁路公益性，帮助产业建设发展。

6.3.3 公益性运输补偿方法

公益性运输项目较为独立，典型的公益性运输项目已经有了较为详细的分类，对于公益性运输项目，目前存在的问题主要是统计核算上存在难点，因此，目前针对公益性运输项目的补偿制度上也应避开整体，从项目个体上进行补偿。对于运营的公益性，在运营全部放开之后，公益性运输可由各运营公司选择承担，国家给予适当补贴；对于社会资本不愿承担的公益性运输，应由国有资本全资或控股的运营公司兜底，国家给予适当补贴。

公益性运输关系到国家的国防安全、社会的正常运转，在抗灾救灾特殊时期，公益性运输项目更是与人民的生命安全息息相关，承担公益性运输项目是企业必须承担的义务。公益性运输会对运营公司造成经济上的损失，就单独项目而言，这部分损失对运营公司是可承担的，因此，国家或当地政府应对运营公司给予适当补贴作为鼓励；对于如支农物资等较为频繁的公益性运输，高频率承担这类运输项目会让企业承受较大的经济损失，长期实施将会降低社会资本参与意愿，因此，这部分公益性运输项目应由国有资本全资或控股的运营公司提供，国家给予适当补贴，共同承担公益性义务。

应针对不同类型公益性运输项目执行不同的补贴方案。

（1）学生、伤残军人半价优惠的客运补贴。

其优惠部分应根据铁路运输企业的统计数据和财务凭证，在独立第三方审计机构审计后，由国家财政给予补贴。运输伤残军人、学生、儿童应补助的金额计算公式为

$$W = P \times N$$

其中：W 为补贴额；P 为公益性产品低于同类产品正常价格的差

额；N 为公益性运输产品运量。

（2）对于抢险救灾运输造成的亏损和军事类相关运输。

应该由中央政府与地方财政共同承担，根据一季度或全年内该类开行项目平均运输成本和运输里程提供一定比例的直接资金补贴，计算公式为

$$W = (C \times \sum L) \times \omega$$

其中：W 为补贴额；C 为平均运输成本；L 为各次开展运输里程；ω 为比例因子。运输平均成本根据铁路客、货运财务信息统计进行运算。

（3）军事运输等涉及保密事项类运输。

单独归集由此付出的成本，按照成本及一定的利润率（运输行业平均利润率）确定补贴额，这部分补贴应由中央政府承担。其计算公式为

军事运输补贴额=军事运输成本×（1+利润率）

（4）低附加值公益性货运亏损的补贴。

如农药、盐为 2 号运价，磷矿石为 2 号运价，化肥、农业机械为 4 号运价等。如果存在政府指令运输 1~3 号运价率产品，应按照该机会成本分析方法，通过核算机会成本提供补贴[40]，计算公式为

$$W = [(P_4 - P_1) \times V_1 + (P_4 - P_2) \times V_2 + (P_4 - P_3) \times V_3] \times \omega$$

其中：P_n 为不同运价号基本运价；V_n 为执行不同类型货物运输运量；ω 为比例因子。

（5）开行临客。

铁路应政府部门要求，为满足季节性、偶发性客流需要而加开旅客列车，称为开行临客。由于开行临客具有开行时间短、去程客流大、回程客流小（回程虚糜率一般在 50%左右）、社会效益大等特点。同时，开行临客还需要增加对临时用车的维修和整备支出，对这类公益性运输产品可参考其他国家的做法，按照少收收入加倍补偿（这里按 2 倍计算），其计算公式为

$$W = (P - P_0) \times 2$$

其中：W 为补贴额；P 为正常满员运输客车的收入；P_0 为临客收入。

（6）免收及减收铁路建设基金的货物运输。

免收及减收铁路建设基金的货物运输是指放弃了运输不减免建设基金的货物，其减收实质上就是减免的建设基金金额，其计算公式为

减免铁路建设基金的货物运输（粮食、棉花、化肥等）补贴额
=少收取的建设基金

（7）铁路支线运输补贴。

市郊铁路、支线铁路客运客票的价格水平比较低，难以弥补铁路成本，通过客票的差价及全年的运量计算得出铁路承受的损失，可采取特许权竞争的方式确定运营企业和补贴金额，该损失主要由地方政府给予补贴。同时，厂矿企业也应纳入铁路支线运输补贴中。其计算公式为

$$W = P \times N'$$

其中：W 为补贴额；P 为公益性产品低于同类产品正常价格的差额；N' 为市郊铁路、支线铁路客运量。

（8）特定物资及支农物资运输中的公益性部分。

此部分应该由政府按照免收或少收的铁路建设基金金额补贴给铁路运输企业。其计算公式为

补贴额=少收取或免收取的建设基金

除了以上的补贴方式以外，本书建议，由铁路部门与财政部门、教育部门、农业部门等有关部门商定公益性运输项目的补偿方式，采用"先交后补"的方式进行，即货主或旅客先按照市场化价格向铁路运输企业付费，然后凭有关票据向财政部门、教育部门、农业部门等有关部门申请补贴。

综上所述，在处理铁路公益性问题时，对不同的运输方式应采用不同的补偿方式和方法，多角度处理铁路公益性运输开展问题，高效率解决公益性问题。

6.4　本章小结

　　本章通过对铁路公益性补偿经济标准的分析，明确我国铁路在哪些方面造成了损失，并且对不同的损失提出了测算方法，针对公益性铁路和公益性运输分别提出了不同的补偿方式及方法。

　　本章认为，对铁路公益性给予一定补贴并制定相关补偿政策在理论上是极其必要的。具体补偿办法上，应针对公益性线路和各类公益性运输项目分类制定补偿政策，其中：（1）公益性线路采取以交叉补贴为主，政府针对各线给予一定补贴的补偿办法；（2）公益性运输按照客运、货运，由中央和地方政府对运营损失给予相应比例补贴，同时结合铁路改革现状，考虑引入多种补偿形式。

　　国内外通常集中在公益性理论以及国家政策对铁路公益性进行研究，并对公益性补偿提出了相关建议措施。本书建议，通过理论研究并验证铁路公益性识别和公益性补偿的理论依据，为铁路公益性问题制定一套初步补偿方案，再根据试点执行效果不断改善，最后得出具有一定可行性的公益性补偿方案，这是铁路改革过程中公益性问题解决的必要步骤。

第 7 章 铁路公益性补偿：保障机制

为保证我国铁路建立完善的公益性补偿机制，制度性安排既从制度上完善公益性管理机制,也为铁路公益性补偿机制提供了必要保障。本章将从加强顶层设计、思想、法律、政策及资金等方面探讨铁路公益性补偿的保障机制，为铁路公益性补偿机制提供必要的建议。

7.1 加强顶层设计

由于铁路公益性问题所造成的铁路企业损失巨大，远超出经济范围，一般的机构已不能承担，应当在国家铁路改革咨询委员会下设立铁路公益性补偿机制专门委员会，承担研究铁路公益性问题并提出相关建议的职能。

铁路公益性补偿机制专门委员会有四个作用。

① 探讨公益性补偿问题可以为国家铁路改革咨询委员会提供改革决策的建议和意见，如制订改革的总体方案和规划纲要等。

② 探讨公益性补偿问题使国家铁路改革咨询委员会更好地处理铁路公益性补偿相关问题。

③ 探讨公益性补偿问题能够促使各部门各地区改革机构协调配合，加快铁路公益性补偿效率。

④ 通过探讨公益性补偿问题能够督促铁路和地方部门按中央部署进行改革，及时反馈改革动向和意见。

铁路公益性补偿机制专门委员会的设立可分为两个阶段。

① 筹备阶段。成立筹备组，由铁路以及各地各部门抽调对铁路公益性有研究的党政干部、国内外专家学者、国企高管等若干人员组成，进行定期研究和谋划，主要研究和制定公益性补偿的总体思路和规划纲要的建议草案等。

② 正式设立阶段。公益性补偿的总体思路和规划纲要建议草案送审和通过之后，配备专职人员。进入改革五年规划及计划和方案的设计，组织内部讨论，所有专职人员都要遵守相关公职人员纪律，进行保密教育，签订保密协议，严守国家机密等。

该委员会成员可根据本地区本部门的实际情况进行设置。中央重要部门要加强改革机构及人员的配备，改变因中央政府部门专业人员严重不足而政策制定的"外部化"所导致的政策由既得利益集团左右的格局。

该委员会的主要任务有：一是贯彻中央改革精神和部署，按照中央全面深化改革委员会改革总体规划的要求，研究制订本省（市）本部门的改革规划、计划和方案草案；二是负责对本地区本部门改革进行指导、检查和督促。

各地区各部门要充分认识铁路公益性补偿的重要性和紧迫性，各铁路局集团要成立公司制改革小组，由铁路局党政主要领导任组长，明确职责分工，落实目标责任，协调推进改革和安全、稳定、班子建设工作。

7.2　提升思想认识

7.2.1　提升铁路公益性社会思想认识

铁路是国家重要的基础设施和民生工程，是资源节约型、环境友好型运输方式。铁路的各类服务及自身所能发挥的能动作用带来了极大的社会效益，其所提供的运输服务使公众能够以较低的票价享受到便利的交通服务，货物运输则以较低的运价直接或间接降低了生活必需品的成本以及城市建设、区域建设的建设成本。思想认识保障最为直接的作用就是让社会整体及个体了解铁路的公益性职能，是铁路公益性补偿机制的基本保障。

社会对于铁路公益性事实的认知似乎还存在一定的欠缺，公众等一部分铁路交通服务享受者以及部分相关政策的决策者并没有意识到铁路为保障其公益性所承担的负担，缺少对铁路公益性事实的认识，这不利于铁路企业的长期发展。我们甚至可以这样断言，思想认识能否得到提高，将是铁路公益性问题能够得到有效解决的必要条件。

无论是铁路公益性补偿的各项基本原则还是各类公益性问题的解决方案，都是建立在对铁路公益性事实正确认知的基础之上，认识铁路公益性事实、公益性所带来的社会效益以及公益性所造成的问题，有意识去解决相关问题，均包含在人的思想认识之中。所谓意识先于行为，一切处理铁路公益性问题的行为，均是在意识到引导和操作下所完成的。因此，为了促进铁路公益性保障机制相关建设，必须提升相关部门及社会对铁路公益性的思想认识。

我们应该正确认识铁路公益性与经营性的对立统一问题。日本国铁在改革前期，关于国铁的"公共性"与"企业性"有过不少深刻的阐述。日本学者大岛国雄认为，"在公共性和企业性上，应该将'作为目的的公共性'和'作为手段的企业性'相互联系起来加以认识"。日本学者角本良平则提出，"当为达到目的而破坏达到目的的手段时，目的的实现就变得不可能"。

所谓"公共性"，即包含了铁路一切能够带来外部性效益的行为。铁路作为国家重要的基础设施，无论是典型的铁路公益性项目、公益性铁路，还是铁路的日常运输，均具有公共性；而"企业性"既包含了为实现盈利采取的技术、管理手段，更包含了对系统全局的把握。铁路的"目的"即是要发挥其公共性运输职能，为有效达成目的，就需要有效的技术和管理作为手段维持铁路的健康运营。如果社会仅一味看重铁路的公益性，铁路仅看重自身的盈利，任何偏颇都将导致问题逐渐积累放大。对公益性问题的忽视只会使技术、管理手段不再支持和适应铁路长时间发展，公共性必将受到致命的影响。

通俗地讲，铁路好比一只"下蛋的母鸡"，铁路公益性好比"鸡蛋"：一是如果要经常吃到"鸡蛋"，那就必须让"母鸡"持续健康地活着；

二是"杀鸡取卵"式地透支铁路公益性，最终损害的是公众未来享受铁路公益性的权利；三是铁路系统如果无法正常运营下去，铁路的公益性也不复存在。

我国铁路作为国家经济大动脉，能够也必须承担公益性运输，这是不可推卸的责任与义务。铁路的公共性和企业性相辅相成，结合国外铁路改革经验以及目前对铁路公益性的基本认识，铁路承担的公益性运输应该得到合理补偿，这是经济内在规律的必然要求，也是目前联系铁路公益性与企业经营性的有效方法。社会必须从思想上对铁路公益性问题有更深层次的认识，促进铁路企业建立有效的公益性补偿机制，保障铁路公益性服务功能的持续输出。

7.2.2　建立铁路公益性形象与舆论保障

铁路的逐步改革并非孤立的，铁路作为一个国家重要基础设施，与社会、与人民息息相关。因此，铁路公益性补偿机制的建立需要得到社会舆论的支持，舆论保障是建立社会对铁路公益性思想认识的重要手段。

社会舆论的好坏与企业自身的形象相关，而企业形象关系企业自身未来的发展。企业形象是企业精神文化的外在表现，是社会公众对企业的总体认识与评价，通过企业形象能够洞察一个企业的市场竞争力。良好的企业形象不仅能够使企业得到社会公众的信赖与支持，更能减少企业在未来的发展建设路途中可能遭遇的种种阻碍。

1. 社会对我国铁路形象认识现状

在当前的舆论环境下，对于铁路公益性这个客观存在的事实，社会整体还缺乏一个较为深刻的理解和认知。首先，由于铁路的基础设施性质，公众会普遍认为自身享受到的低票价交通服务是理所当然的，多数人并不会意识到铁路因运输活动可能损失的利益；其次，即使存在部分偏远地区公益性线路及特殊情况下的公益性运输等普遍被认可的铁路公益性活动，这部分公益性活动却会因为其直接受益面相对较窄，带来的社会效益并没有直接"走进"公众的日常生活，无法被公众所感知。如果社会无法从思想认识上提升对铁路公益性的了解，铁路公益性所造成的问题不仅得不到重视，甚至可能被忽视。问题的解决被拖得越久，其造成的损失就越大，这显然是不可行的。

随着互联网技术的迅猛发展，信息网络化正在对我国政治、经济、社会、文化等领域产生着广泛而深刻的影响。互联网已经深入到人们生活中的各个方面，借助网络，人民能够通过各种渠道了解并参与到社会舆论形成的过程之中。网络中集聚了多种文化思想信息，无数的舆论信息随处可见，但是网络舆论既有正面的，也有负面的，尤其是作为服务行业面向大众的铁路，其受众群体是整个社会，不同个体的观察与体验都将影响到铁路的公众形象。

铁路属于国有企业，所以其在一定程度上也属于政府职能部门，但是铁路企业又是服务大众的企业，这种双角色定位，使人们对铁路企业的要求比较高，铁路企业自身的特殊性使其近年来经常受到社会公众的质疑。做好铁路网络舆论，引导公众正面看待铁路企业，消除公众对铁路企业的误解，在社会中树立一个良好的铁路企业形象是现代铁路企业的重要工作之一。认真做好网络舆情工作，加强对互联网上有关铁路舆情的收集、正确引导，建立良好的铁路企业形象，既是铁路宣传思想工作适应新形势、开创新局面的一项战略举措，也是为营造和谐铁路、建设外部舆论氛围保驾护航的重要内容。

传播通道的多元化、铁路双重身份的特殊化、服务对象情绪的敏感化、铁路自身处于敏感舆情叠加区等因素使铁路企业在社会舆论方面处于一种长期不稳定的状况，这会对铁路企业的发展产生很大影响。因此，为改变铁路舆论现状，建立社会舆论保障，必须做到掌握网络舆论的主动权，通过建立如宣传片、网站、内部刊物等多元的企业宣传载体，建立完善的宣传机制，重视宣传内容与企业内外的统一情况，做好网络舆论引导工作[68]。

当然，近年来越来越多的媒体以各种报道方式开始宣传我国铁路在理论研究、工业化技术上取得的一系列成就，如《中国高铁》《超级工程》等纪录片中激动人心的基建与制造技术，让公众看到了我国科学技术水平以及整体国力的巨大提升，我国铁路开始得到越来越多的赞许。然而，通过媒体报道和网络舆情的分析，这些宣传更多侧重于提升我国铁路以及其他项目基建水平的国际社会形象，并没有完全实现社会对于铁路公益性的思想认识提升。相对于公众所津津乐道的铁路超级工程，铁路的公益性似乎没有成为引人"自豪"的谈资，也并非人们在餐桌上议论的焦点。因此，加强铁路公益性舆论宣传对于铁路公益性问题的处理显得尤为重要。

2. 以形象宣传作为提升铁路职能意识的必要手段

舆论是思想认识的直接表达，提升思想认识是铁路公益性问题得到正视的前置条件之一。只有在思想认识上得到改观，铁路公益性问题受到重视，相关政策的实施才能得以付诸，同时想办法从各方面为其提供保障，铁路的公益性问题乃至铁路改革中可能出现的问题才能得到进一步的改善。因此，社会对铁路公益性思想认知的建设是铁路公益性补偿机制的第一道必要保障，必须加强铁路职能的宣传，提升铁路公益性的舆论形象。

在宣传与舆论引导方面，一是加大宣传公益性运输职能，宣传铁路企业执行的公益性运输项目，帮助建立良好的铁路企业形象，建立企业威望。铁路本身所具有的外部性方便了人民的基本生活，方便了社会生产与建设，使铁路带来的社会效益得到大众的认可。近年来随着国际交流的增多，我们也能够听见国内外对铁路技术与服务的对比和评价，舆情环境可以说正在向着健康发展。

二是公益性线路运营亏损情况。偏远地区线路、市郊铁路等相关公益性较强的线路，本身由于运量等客观原因必然会导致企业的亏损，公益性线路的亏损运营情况必须在社会大众之间宣传，以此获得公益性补偿机制建立的民意支持，或为后期铁路票价适当上涨提供论据，提前打好"预防针"。

加大铁路公益性宣传不仅仅能够从思想认识上改善铁路公益性问题所处的困境，通过建立良好的企业形象，引导社会舆论，使企业能够获得贷款等在短时间内积聚资金以实现企业的扩大生产经营规模计划，进而提高企业的市场开拓能力与抗风险能力等，拓宽了公益性铁路的资金获取来源。另外，加大铁路公益性宣传间接地加强了社会的监督作用，让更多人关注铁路公益性问题，通过社会舆论催促补偿政策的具体落实。同时，加强铁路公益性宣传，建立良好的企业形象对增强企业凝聚力也有着十分重要的作用。

企业价值观与企业理念是一个企业的灵魂所在，是企业经营的最高准则，也是企业领导层与员工的共同精神信仰和行动指南。良好的企业形象能够激发员工的团队荣誉感与自豪感，从而使其更加热爱企业并为企业做出最大贡献[69]。

结合前述章节分析的国外铁路公益性处理过程中出现的问题，我国铁路无论是在工程技术、服务水平上还是在交通便捷程度上，获得了越来越多的赞誉。在当前环境下，铁路还需要通过数据的公开和事实的展现，告知整个社会我国铁路公益性所付出的一切和面临的巨大挑战，这是提升铁路公信力的必要手段，更是铁路公益性问题改善的必要条件。

3. 铁路企业的内部宣传

在建立铁路公益性补偿机制过程中，要深入开展宣传思想工作，积极解释疑惑，引导干部职工理解此项工作，确保队伍稳定，为公益性补偿机制的建立提供有力保障。为配合公益性补偿机制的建立，提供舆论支持，铁路相关公司各级党委和宣传、新闻部门加大改革宣传的力度，充分调动广大干部和工人参与铁路公益性补偿机制建立的积极性。

（1）拓宽舆论宣传阵地，壮大舆论宣传力量。

为强化对补偿机制建立的宣传，铁路相关公司各级党委除充分运用广播、电视、网络、内部刊物等新闻媒体外，铁路总公司应要求各级内部人员学习铁路公益性的相关知识。为壮大舆论宣传，还可以举办多名通讯员参加的新闻培训班，拟定铁路公益性补偿机制的宣传报道要点，使稿件质量有所提高。

（2）增强新闻宣传的针对性，正确把握舆论导向。

广播、电视、报刊、官方网站等部门，在铁路公益性补偿机制出台前，广泛宣传公益性补偿的任务，并且还要宣传我国其他行业公益性补偿的成功案例和经验，使广大干部、工人深刻认识到在现阶段国有企业深化改革的浪潮下，更应抓住机遇，努力探索出一条解决铁路公益性之路。

（3）纠正模糊认识，为改革提供思想保证。

首先应统一思想。应该引导铁路干部职工深刻理解铁路公益性补偿机制的重大意义、重点任务和具体措施，把铁路总公司、铁路局集团和站段关于建立铁路公益性补偿机制的决策部署变成干部职工的思想共识，正确对待铁路改革，确保这项工作的顺利实施。通过大力宣传引导，帮助干部职工进行一次思想大解放、观念大转变，进一步统一思想和步调，凝聚智慧和力量，营造一个人人关心、个个支持建立公益性补偿机制的良好氛围。

其次应转变观念。铁路公益性并不只是铁路运输企业应承担的任务，政府和社会也应对铁路公益性相关问题负责，与铁路运输企业共同承担公益性问题，促进铁路企业积极健康发展，铁路员工热情对待自己工作。

最后应做好深入细致的思想工作。铁路公益性补偿直接关系到企业员工的切身利益，必然对员工的思想产生冲击，所以应当做好补偿机制建立中的思想政治工作，真情关心关爱职工，为推进实施补偿机制营造良好的内部环境。

4. 铁路公益性补偿的外部宣传

（1）建立统一的行业对外宣传主体。

可采用业内企业相互联合或某一企业牵头组织等方式，建立统一的行业层面对外宣传主体，以提高我国铁路对外知名度、美誉度为目标，以沟通、交流为手段，统筹各参与企业立足国家、行业高度做好我国铁路对外公关，实现行业、企业国际化经营目标与我国政治外交目标间的结合与平衡。参与企业可分别按一定比例共同筹资作为行业宣传经费，依托行业宣传主体持续进行长时间、多方位的宣传推广，潜移默化造就口碑。

（2）拓展公益性补偿宣传渠道。

抓好各种有利时机，充分利用国内外传统媒体、互联网新媒体等多种媒体媒介，在讲好品牌故事的同时扩大铁路公益性补偿机制宣传效果，宣传传递机制建立的价值。加强与国际主流媒体的交流与合作，做好与目标市场媒体、非政府组织等各方的对接、沟通，有效宣传我国铁路技术优势。与企业培育和运营专业服务机构建立联系，共同开展企业管理咨询、市场推广等服务。

（3）树立正确的宣传导向。

与铁路企业高层人员进行沟通、对公益性补偿宣传时应斟酌遣词用句，慎用"票价提高"等可能让社会产生不良联想的字眼，避免社会居民因此产生忧虑、戒备甚至抵触心理。

（4）针对性开展铁路公益性补偿跟踪报道。

积极配合"一带一路"倡议等的实施，以及国家政治、外交、经贸等领域的动向，敏锐观察、及时研究判断铁路改革的相关节点和契机，铁路公益性补偿机制是铁路改革要解决的重要问题，应加快解决铁路公益性补偿机制相关问题，努力将铁路改革与国家发展紧密结合，有计划、有针对性地展开宣传工作，以便机会出现时快速响应，对宣传工作要有的放矢。

（5）创新对外宣传策略。

创新宣传模式，针对性地借鉴先进的宣传和传播方法，增强改革宣传的及时性、有效性，形成与公益性补偿机制建立相一致的多元化传播渠道。加强与新闻媒体的沟通协调，加大对铁路公益性的宣传报道，在全社会形成推进铁路公益性补偿的浓厚氛围，充分调动各方积极性，凝聚共识、合力进行铁路公益性宣传工作。

7.3 加强法律保障

目前，我国铁路已经步入高质量发展的时代，各方面均向国际先进水平前进。我国现行铁路法是在计划经济条件下产生的，其关系到铁路运营、管理、建设与发展、安全与防护等方面内容，法律的滞后成为制约我国铁路快速发展的瓶颈。

在新的发展阶段，从法律适用范围、市场主体、监管机构、管理体制、价格等多方面考虑，重新确立法律关系，重新调整法律规定，对不再适应国情现状的法律需要及时提出制定议程、做出合理修改，使其适应新时期铁路市场化改革的需要，这是建立铁路公益性制度性安排的首要内容。

铁路企业改革的发展趋势不可逆转，在依法治国的大环境下，加强铁路公益性问题的相关立法，为建立铁路公益性补偿制度提供法律依据迫在眉睫。十八届四中全会指出，"立法要适应改革的需要，要坚持立法先行，实现立法和改革决策相衔接，做到重大改革于法有据、立法主动适应改革和经济社会发展需要，发挥立法的引领和推动作用"。

全面深化铁路改革，建立铁路公益性补偿机制必须做到立法先行，做到立法与改革决策的衔接，通过法律手段保障改革决策的顺利实施。具体来讲，实践证明行之有效的要及时上升为法律；实践条件还不成熟的，需要先行先试，要按照法律程序做出授权；对不适应改革要求的法律，要及时修改或废除。法律是建立和完善铁路公益性补偿制度的重要保证，只有确立完善的法律法规，才能依法保护各方权益，维护竞争公平有序、要素合理流动的投融资市场环境。

因此作者建议，对《中华人民共和国铁路法》做出重大修订，完善运价管制法律体系，从法律上明确规定公益性运输产品价格管制的标准、范围、方式及程序，以更好地解决铁路公益性补偿问题。

7.3.1　以立法保障铁路公益性补偿体系

根据《中共中央、国务院关于深化国有企业改革的指导意见》，深化国有企业改革必须采用科学的方法，要正确处理推进改革和坚持法治的关系，正确处理改革发展稳定关系，坚持积极稳妥、统筹推进，正确处理好顶层设计和尊重基层首创精神的关系，突出问题导向，坚持分类推进，把握好改革的次序、节奏、力度，确保改革扎实推进、务求实效。铁路公益性补偿的提出和研究目的就是要正确处理铁路改革过程中必须面临的问题，让企业稳健、全面发展，而确立完善的法律法规是铁路公益性问题补偿措施及解决办法最基本的保障。针对铁路公益性问题，具体来讲，立法至少应做到：

1. 明确责任主体，加快改革速度

铁路改革阶段需要进一步明确责任主体，做到确定政府与铁路的相互关系，确立政府对铁路的社会管制和必要的调控责任，确认企业的市场主体地位，扩大铁路的对外开放和竞争机制等，提升国企改革执行力。明确责任主体，既要明确改革后企业作为公益性服务和公益性设施提供者的社会义务和责任，也要明确国家及政府对公益性铁路扶持或补偿的义务和责任。

铁路公益性补偿机制是我国铁路改革进程中的重要环节，由于公益性问题涉及多方利益，通过立法明确责任主体，通过法律的强制性措施提升企业改革效率，从法律上明确相关主体的责任与义务，以及相互之间的法律关系。责任双方按规则办事，才能在尽可能短的时间内看到改革效果，倘若改革措施实际实施效果不明显，若及时对改革措施进行修改和完善，也会减少企业及社会的管理成本。

2. 明确补偿内容和标准，落实政策制定依据

我国在 1990 年颁布了最初的《中华人民共和国铁路法》，虽然在条款中提到了一些国家采取措施，来保障公益性运输的供给，如提到"铁路运输企业要以为人民服务为宗旨，对抢险救灾以及国家规定的运输优先"，但是并没有在法律中提到对铁路公益性进行补偿的相关问题。

通过对国外交通立法的学习研究可看出，这些国家在交通法中都明确提出"政府应制定相应的措施保障居民交通基本权利的逐步实现，而交通权利的实现要政府向包括边远地区、离岛居民在内的所有居民提供运输服务才能实现"，从这种运输服务的服务对象以及服务性质来看，是一种非营利性的、为公众利益服务的，并且考虑到商业利益企业不愿意主动提供的运输服务，因此，该服务是公益性运输服务。在国外通过的交通法中，都明文规定了政府制定一定的交通政策保障公益性运输服务的供给，来逐步实现交通权或移动权。

目前，我国的铁路行业，承担了政府要求的学生及伤残军人半价、抢险救灾物资低价、支农物资低价等公益性运输，然而其损失交由企

业自己承受，政府只承担了小部分责任。为此，借鉴国外立法的经验，对于关系人们基本出行的运输，以及其他关系国计民生的政策性运输，我国应该立法明确政府是公益性运输的责任主体，通过政策措施保障公益性运输的供给，从而构建公益性运输的法律保障机制，并在法律法规上明确铁路公益性补偿的基本内容和补偿标准，对相关政治性线路、军事性线路和开发型线路等典型的公益性线路，在核定了建设成本以及铁路经营亏损年限和额度后，国家应对前期建设和后期维护运营提供一定补偿。

3. 明确补贴程序，加强铁路公益性服务的管理

企业应将满足公益性补贴的线路或运输项目提出补贴申请并提供支撑材料，由财政部指定社会审计机构或稽查机构对企业的核查结果进行审计，核查企业经营状况、补偿内容财务状况，最后将企业自行核查的结果和第三方的审计报告交给财政部，财政部根据补偿判断标准和评价标准决定是否给予补偿或具体补偿金额，若认定不符合补偿要求，应告知企业不予实施补偿方案的具体缘由。综合而言，就是要细化补偿政策的具体流程和方法，实现相关政策的透明化、规范化。

7.3.2　以立法建立合理价格机制

我国现实国情决定了作为交通大动脉的铁路必须承担较多的公益性运输，由政府适当承担铁路建设职责，并尽可能满足普通民众特别是弱势群体的运输需求，铁路企业在履行其提供公益性服务义务的同时，也应从各项管理上尽可能谋求企业利益。铁路应立法制定更科学、更合理、更透明和更弹性的价格机制，以便铁路运输能更公平、更有力地参与市场竞争。

国家发改委发布的《关于改革完善高铁动车组旅客票价政策的通知》(以下简称《通知》)提出，放开高铁动车票价，改由铁路总公司自行定价。最终将由铁路总公司统一安排。《通知》要求，对在中央管理企业全资及控投铁路上开行的设计时速 200 公里以上的高铁动车组列车一、二等座旅客票价，由铁路运输企业依据价格法律法规自主制

定；商务座、特等座、动卧等票价以及社会资本投资控股新建铁路客运专线旅客票价，继续实行市场调节，由铁路运输企业根据市场供求和竞争状况等自主制定。规定竞争价格机制，能够使铁路更好地参与运输市场竞争。

现阶段我国市场经济快速发展，运输市场进一步开放，铁路运输面临的形势也十分严峻。客运业务上，随着航空运输的配套逐步完善和价格日渐被旅客接受，铁路的客运业务在一定程度上受到了竞争的影响。货运业务上，受矿产、钢铁等行业经济状况影响，铁路货运利润呈现波动、不稳定的状态。在市场经济体制下，价格受供需影响，对于铁路客运业务，定价不能以一个标准一成不变。

铁路应立法制定更科学、更合理、更透明和更弹性的价格机制，以便铁路运输能更公平、更有力地参与市场竞争。因此，要完善运价管制法律体系，以科学管控定价。同时，我国现实国情决定了作为交通大动脉的铁路必须承担较多的公益性运输，由政府适当承担铁路建设职责，并尽可能满足普通民众特别是弱势群体的运输需求。

因此，为促进铁路企业能够更加公平地参与市场竞争，应完善运价管制法律体系，制定更为科学、透明和弹性的价格机制，以科学管控定价，提高其经济效益。同时，应建立以《中华人民共和国价格法》为核心的价格法规体系，从法律上明确规定公益性运输产品价格管制的标准、范围、程序及方法等。最终实现放宽铁路运输价格限制的条款，在竞争领域允许市场自由定价，仅对存在自然垄断环节和特殊类别运输服务实行政府指导价格的机制。

7.3.3 以立法规制企业垄断与竞争

从公益性铁路和公益性运输项目上看，公益性铁路以及铁路公益性运输项目将会对企业的财政造成损失，国家及政府作为铁路公益性的受益者，应该对企业的公益性行为进行补偿。但是，铁路作为具有垄断性质的国家基础设施，其性质决定了企业必须将公益性产品及公益性服务作为自身的责任和义务。在铁路市场化改革之后，运输企业在不受约束的情况下，如果采取"挑肥拣瘦"等方法开展竞争，高利润的业务蜂拥而入，使得公益性运输服务和基本服务质量不受重视，就会形成恶性竞争，损害社会的整体利益。企业此种经营管理方式虽然能为自身财政带来直观上的利润，但经济效率低下，社会整体效益下降。因此，对公益性运输进行认定，以立法规制企业责任，是深化铁路改革的客观要求。

分析世界各国铁路运营状况、铁路市场化改革后，铁路为应对自身效益问题，可能会过多考虑自身利益，出现一些损害旅客货主消费权益的现象，比如列车晚点，退票扣费，售票机制不合理，甚至是铁路基建设备老旧，维护不到位导致安全隐患等。上述现象中，广大消费者处于弱势，往往是在权益被侵犯后，缺乏必要的法律根据而无法维权。

铁路网络具有自然的垄断性，完全私有化后，企业一方面赚取利润成为最大目标，另一方面网络的自然垄断导致真正的竞争不可能形成，进而在服务质量上会出现速度慢、价格高等不良现象。因此，在铁路改革的过程中，首先要从法律上确定铁路应承担的社会公益性责任，对不履行公益性运输项目、擅自关闭公益性铁路线路的企业实施处罚，从法律上保证人们得到公平运输的基本权益；同时，应建立消费者权益保护机制法案，提高企业服务标准，时刻以消费者的利益为最高的服务准则。在立法中对作为消费者的旅客、货主的合法权益给予切实保护，便于消费者维护自己的合法权益。

铁路企业改革是一项长期、复杂和系统性的工作，改革的成败对国家的经济和社会发展都将产生重大的影响。外国铁路改革的经验和实践已经为我国树立了良好的典范，通过完善的立法和良好的法制环境推动我国的铁路企业改革，促进我国铁路的高质量发展。

7.3.4　立法应注意的问题

1. 依法确定政企分开原则及明晰政企关系

当前，中国铁路的公益性、经营性等多重属性互相交织，无法凸显铁路企业法人实体和市场竞争主体的真正地位，难以满足市场化运营和社会化筹资等方面的急切诉求，不利于提升运输企业的行业竞争力。政企分开后，在处理铁路公益性补偿问题上能够更加明确国家铁路局和中铁总之间的权责边界。国家铁路局承担铁路的公益性运输，中铁总对相应的运输进行补偿，并带动政府和社会资本对铁路公益性进行补偿。

2. 依法建立消费者权益保护机制

铁路作为重要服务性行业，要"以服务为宗旨"，时刻呵护消费者利益。由于一些客观条件和主观因素，经常出现一些损害旅客货主消费权益的现象，比如退票扣费，售票机制不合理等。上述现象，广大消费者处于弱势，往往在权益被侵犯后，由于缺乏必要的法律根据而无法维权。在建立铁路公益性补偿机制的过程中，不能以损害消费者权益为前提来建立补偿机制。因此，在立法中应对作为消费者的旅客货主之合法权益给予切实保护，要便于消费者维护自己的合法权益。

3. 立法工作应阶段性和渐进性推进

我国铁路承担大量的公益性运输或建立公益性线路，导致长期亏损，使企业在建立公益性补偿机制过程中，容易受到长期负债的影响。这也使得我国公益性补偿机制建立的复杂性远甚于西方国家铁路。从这个意义上来看，我国铁路公益性补偿机制的建立只能分阶段稳步推进。因此，与此相配套的运输政策和法律法规也必须根据改革的要求，逐步制定和发布。另外，从立法的角度来看，立法工作也不是一蹴而就的，它具有一套规范化的程序要求，也有一个循序渐进、逐步完善的过程。因此，需要根据公益性补偿的目标要求，按轻重缓急程度做出近期、远期的立法规划，报国家立法机关制定相应的法律规范。

4. 维护铁路法制的完整性和统一性

我国铁路相关法律或政策中没有对铁路公益性补偿有关问题进行阐述，这是导致我国公益性问题得不到解决的重要原因。因此，要结合国家其他法律的有关要求，对铁路相关法律法规全面梳理，对不适应市场经济和铁路改革要求的部分，及时予以补充、修改和完善；对完全不相适应的，立即予以废止。

5. 有选择地借鉴外国铁路改革的立法经验

我们应当注重研究和借鉴国外铁路改革的立法经验，但必须强调，我国铁路的法制建设有自己特定的条件，因此，尽管西方铁路改革的立法有不少可以借鉴之处，但绝不能照搬照抄，要结合我国的国情、路情，根据市场经济的发展要求，有鉴别、有选择地借鉴外国铁路改革的立法经验，使其为我所用。

我国铁路承担大量的公益性运输或建立公益性线路，导致长期亏损，决定了其改革的艰巨性更甚于西方国家铁路。因此，要顺利地推进我国铁路公益性补偿机制的建立，必须广泛研究和借鉴国外铁路改革的立法经验，在对国外铁路改革立法的背景、基础、条件和社会环境，认真进行比较分析的基础上，切实从我国铁路的实际出发，抓紧对一些急需解决的重大问题进行立法规划，并在铁路改革方案比较成熟的条件下，由国家立法机关依照立法程序讨论并批准实施。

6. 争取政府部门在铁路改革立法过程中发挥主导作用

对上述事关铁路改革发展的重要法律法规的立法，铁路部门要加大对其重要意义的宣传，促进政府对立法推进铁路改革必要性的认识，争取得到政府的政策支持，充分发挥其主导作用，使其及早做好立法规划，尽快启动铁路改革的立法程序。

建立铁路公益性补偿的相关法律法规能够促进公益性问题的解决，使公益性补偿有法可依，公益性问题的解决更有保障。本书建议，对现行《中华人民共和国铁路法》做出重大修订，同时完善运价管制法律体系，从法律上明确规定公益性运输产品价格管制的标准、范围、方式及程序，更好地解决铁路公益性补偿问题。

7.4　加强政策保障

2017 年 7 月 20 日，中铁总总经理陆东福参加全国国有企业改革经验交流会时提出，扎实做好建立铁路公益性补贴机制的基础和配套工作。主动做好分线成本、收入核算和学生、伤残军人，普通客运、涉农物资，军特专运，灾害紧急救援等公益性运输基础数据积累分析，建立公益性运输数据库，为国家制定铁路相关公益性补贴政策提供依据，并向国家有关部门提出建立公益性、政策性运输补贴制度的建议方案。

建立公益性补偿机制需要考虑到我国铁路改革进程中存在的各类风险，政策与制度的设计、补偿资金来源及利益关系的协调问题成了建立公益性补偿机制的主要任务。因此，应提出多种灵活的铁路公益性问题解决办法，同时从政策上给予引导和保障，降低铁路改革过程中可能遇到的风险，促进企业不断获取阶段性成果。

7.4.1　国外铁路公益性运输政策

1. 美国铁路公益性运输政策

（1）建设投融资政策。

美国于 2005 年签署的《安全、可靠、灵活和高效的交通运输平衡法》规定，将 25 亿美元用于建设运输及铁路工程项目。2008 年，美国国会批准了《城间客运铁路投资计划》，通过在城间客运铁路投资方面建立联邦政府和州政府的合作机制，提高州政府在城间客运铁路发展中的地位，提高对铁路公益性运输的补偿力度。

（2）公益性运输补偿政策。

美国政府主要对铁路客运实行补偿。1979 年，国会通过《全美铁路客运公司重组法》，规定了全美铁路客运公司 AMTRAK 的亏损标准，由政府补偿其成本的 50%。州政府也可以和 AMTRAK 公司签署合同，向该公司提供额外的州政府补偿，以获得更多的客运服务。

（3）税收优惠政策。

美国对铁路旅客运输采取的是非常宽松的全面免税政策。美国法典第 24301 条规定，自 1981 年 10 月 1 日起，免除 AMTRAK 公司及其附属铁路承运公司的各种税费以及出租方或承租方的附加税，对提供通勤铁路旅客运输的通勤机构免征税。

2. 英国铁路公益性运输政策

（1）公益性运输投资政策。

1996 年，英国铁路线路公司上市，政府开始实施减少铁路公益性补偿的政策，私人投资开始大量增加。为扶持铁路发展，促进运量向铁路转移，1999 年起政府再次直接投资铁路基本建设。目前铁路行业的资金来源主要为政府资助和私人投资，其中政府资助主要包括中央政府拨款、直接投资、PTE 拨款等，在铁路行业的资金投入中占主要地位。

（2）公益性运输补偿政策。

为了加强铁路路网建设、提高铁路服务水平，1974 年英国出台了《铁路法案》，规定英国政府对铁路公益性运输进行补偿，特别是在 2000 年哈特菲尔德铁路重大事故之后，英国政府提高了补偿金额，用于路网的维新和特许铁路公司的运营。

（3）税收优惠政策。

税收政策是英国政府鼓励铁路发展的政策之一。根据《2011 年财政法案》，英国财政部有权延长铁路客货运营商的气候变化税豁免权，这种税收政策相当于对铁路运输的倾斜。自 2011 年起，英国初步计划将路网公司所得税税率每年下调 1%，到 2014 年下降至 23%。

3. 德国铁路公益性运输政策

（1）建设投融资政策。

2000—2010 年，德国政府对铁路公司的投资共计 1068.98 亿欧元，平均每年对铁路的投资额约为 55 亿欧元。其中，用于基础设施建设的投资额最大，约为 78%；机车车辆的投资占 15%，其余 7%用于其他装备。

（2）公益性运输补偿政策。

短途旅客运输（运距在 50 千米以内）占德国铁路公司客运量的一半以上，以城区、市郊的公益性客运服务为主，长期收不抵支。铁路改革后，根据《联邦铁路公共短途旅客运输地方化法》，1996 年德国铁路公司的短途旅客运输实行地方化，运输任务的规划、订购和财政支持由地方（州，县）负责，联邦政府也给予一定支持，并以法律形式加以规定。1996—2008 年，联邦政府对短途公共客运地方化的支持资金年均约 55 亿马克，并呈现逐年减少的趋势。

（3）公益性运输税收政策。

德国铁路是欧洲唯一一家要全额承担税费的铁路企业，但税收负担总体水平不高，占运输收入的百分比一般低于 1%。根据《联邦铁路公共短途旅客运输地方化法》规定，中央联邦政府从燃油税收入中提取地方化专项基金，支持各州的铁路短途旅客运输，来平衡运营成本或填补运营赤字，也可用于对机车车辆或线路的投资。近年来，德国政府针对铁路还推出了优惠的电力消费税、降低短途运输增值税率等税收优惠政策。

4. 瑞典铁路公益性运输政策

1988 年，瑞典政府出台了《面向 90 年代的运输政策》的议案来指导铁路系统的改革和重组，对主要面向公益性服务的支线客运，则开展铁路业务特许权经营，由政府进行运营补贴。对亏损线、公益线实施特许权经营，较好地解决了铁路公益性服务与企业性经营之间的固有矛盾，让企业无须进行交叉补偿，减少了企业的管理成本。

7.4.2　我国铁路公益性政策保障

由国外的铁路公益性运输政策可知，其大都是通过社会资本投资铁路运输企业、政府对铁路公益性运输进行补偿以及减免铁路公益性运输税收的政策促使铁路企业健康发展，我国可以借鉴国外的公益性政策，尽快制定我国铁路公益性政策，以保障我国铁路企业的健康稳定发展。

1. 补贴政策

铁路公益性运输服务对国民经济发展、国土开发和社会进步有特殊意义，具体表现为：铁路公益性运输服务体现在对社会责任的承担上，为国民提供普遍的运输服务。首先，铁路公益性运输服务的服务对象非常广泛，为服务对象位移需求提供服务。其次，承担为弱势群体提供保障和支持的责任，在制定价格时考虑绝大多数人的承受能力，以优惠票价照顾弱势群体，体现了铁路公益性运输服务的公平性。具有为解决突发事件而需要短期限内提供大量人员和物资装备的运输能力，为军事和国防提供交通保障。节约能源，节约土地，有利于环境保护，为实现可持续发展创造条件等。综合来说，铁路公益性运输服务使国家或地方整体获得利益而企业自身却没有获得相应补偿，其公益性内容包括公益性运输服务的正外部性以及由于非市场因素造成的不能获得相应补偿的内在效益。

因此，铁路的公益性服务需要中央政府以及地方政府给予更多的财政补贴以及其他形式的资助。

2. 税收政策

（1）文件规定。

根据《国务院关于组建中国铁路总公司有关问题的批复》（国函〔2013〕47 号）第九条：中国铁路总公司组建后，继续享有国家对原铁道部的税收优惠政策，国务院及有关部门、地方政府对铁路实行的原有优惠政策继续执行，继续明确铁路建设债券为政府支持债券。对企业设立和重组改制过程中涉及的各项税费政策，按国家规定执行，不增加铁路改革成本。

（2）针对运输企业采取相互付费收支免征增值税措施。

鉴于铁路融资主体日趋多元化，势必会导致相异的资本主体所投资的企业之间因为相互占用铁路资源进而产生相互付费收支现象。联运业务可扣除其支付给其他单位或者个人的运输费用后的余额作为营业额，然而相互收支费用不算在联运业务内，这必将导致重复征税的状况，进而加大铁路运输企业的总税额。

（3）对铁路新线试营运期间免除营业税及企业所得税。

针对那些新线路在最初的运营取得的收入，按照国家对青藏铁路公司的规定免除各种税。

（4）设置铁路建设项目相关用地优惠方案。

由于铁路建设项目属于大规模工程，无论从哪种方面考虑，需求都较大，其在建设过程中涉及的用地是核心因素，急需国家推出相关的用地优惠方案。其一，在全国各等级区域的土地规划中将铁路建设所用土地纳入相关建设预期准备中；其二，学习国外在顺应铁路快速发展阶段实施的优惠政策，开放给铁路部门必要的土地开发权，进而增强铁路的带动能力以及自身发展。

3. 投融资政策

目前国内铁路系统对公益性的补偿机制极不完善，仅仅靠营利性线路和公益性线路的财务在企业内部实现平衡，虽然能够保证各条铁路线路的正常运行，但各条线路的收益回报难以独立核算，成为引导民间资本进入铁路领域的一大障碍，社会参与度低下。加之铁路长期负债，铁路效益得不到很好的解决，导致社会资本不敢进入铁路企业。为此，政府应发挥其主导作用，制定相应的投融资政策，吸引社会资金积极参与铁路的建设与发展。

7.5 加强资金保障

解决资金问题是减少铁路公益性亏损问题的必要保障。随着铁路的运营逐步推向市场，鼓励社会资金的投入成为实现铁路改革重要的一环。要解决我国铁路公益性相关问题，需要详细分析我国目前铁路资金组成现状，发掘切实可行的投融资政策，既要保障公益性亏损问题得到减缓，也要尽可能调动资本的活跃性。

7.5.1 我国铁路资金问题现状

目前国内铁路系统的资金来源相当受限，仅仅靠营利性线路和公益性线路的财务在企业内部实现平衡，虽然能够保证各条铁路线路的正常运行，但总体上铁路企业还是处于亏损状态。虽然政府在一定程度上对我国铁路公益性进行了补偿，但是由于铁路企业亏损比较严重，仅仅由政府出一定资金来解决铁路公益性问题远远不够。且各条铁路线路的收益回报难以独立核算，成为引导民间资本进入铁路领域的一大障碍，社会参与度低下。因此，政府应发挥其主导作用，依据合理的政策对公益性铁路进行扶持，吸引社会资金积极参与公益性铁路建设与发展。

根据《中国铁路总公司 2017 年年度报告》，中铁总负债总额已经超过了 4.98 万亿元。根据中国铁路总公司 2017 年年报的数据，2017年中铁总还本付息的金额为 5 405.07 亿元，其中利息为 760.21 亿元，还本付息金额比 2016 年减少 12.87%，比 2015 年增加 59.67%。截至2018 年 3 月末，中国铁路总公司负债达到 5.04 万亿元，相较 2017 年同期 4.98 万亿元增加 558 亿元，与 2016 年同期负债 4.72 万亿元则增加了 3 284 亿元。

从以上数据可以看出，铁路负债问题相当严重，仅靠政府对铁路进行补贴远远不够，铁路企业的亏损仍旧无法解决，因此，需要制定相关保障措施，使社会资金积极参与铁路建设与运营。

同样，铁路的公益性亏损会连带影响企业债务等财政问题，公益性亏损问题也是资金问题，为适应企业的发展要求，必须积极推进铁路公益性补偿机制体系建立，在资金上给予保障。根据分类制定铁路公益性补偿制度，公益性铁路由于目前铁路自身的特殊性，需要以交叉补贴为主，政府给予适当补偿；铁路公益性运输项目则可由国家企业接管或政府主导多种渠道融资，从资金上获取保障。

7.5.2　研究并制定可行的资金渠道

根据发改委《关于 2013 年深化经济体制改革重点工作的意见》，改革铁路投融资体制，建立公益性运输补偿制度、经营性铁路合理定价机制，为社会资本进入铁路领域创造条件；支线铁路、城际铁路、资源开发性铁路所有权、经营权率先向社会资本开放，通过股权置换等形式引导社会资本投资既有干线铁路。

同时，2013 年国务院《关于改革铁路投融资体制加快推进铁路建设的意见》也表示，实现铁路改革的最终目的是既要保证铁路企业能够持续稳定运营，发挥铁路作为社会基础设施的公益性作用，也要吸引社会资本进入，实现铁路产业资本组成的多元化。由此可知，在处理公益性问题过程中，应研究并制定可行的资金渠道，吸引更多资本参与铁路企业，高效处理公益性问题。

准公益性项目可推行商业性融资方式，但准公益项目既追求经济效益，也体现社会效益，政府仍是投资主体。以国家投资为主体，建立多元化、多层次、多渠道的投融资政策体系是解决资金问题的重要途径之一。根据项目不同类别选择融资方式，可选择以政府信用和税收作为担保的一般义务债券，项目收益为担保的收入债券，以及不动产作为抵押的抵押债券。政府可采取直接投资和财政信用方式融资，包括国家债券和地方债券。

同时，我国铁路在改革过程中可借鉴发达国家经验，对公益性运输实行政府公开补贴或者公开招标引入特许权竞争机制。鼓励运输企业积极主动提供公益性服务和运输产品。实行特许经营权制度，将铁路的部分产权赋予经营者。在公益性铁路建设项目中，可采取"所有权性的特许权经营"和"经营权性的特许权经营"两种方式。

第一种方式可能适用于由政府部门部分出资的公益性铁路建设项目，可通过公有竞标者或私人竞标者对项目的投资和运营，实现"公—公"或"公—私"合作伙伴关系，从而达到吸引民间资金、降低铁路建设和经营成本的目的。

第二种方式则可在由政府全额出资的项目中采用，可降低造价、提高工程质量。在公益性铁路运营业务中，可采取"经营权性的特许权经营"，通过招标选定补贴额要求最小者。这种方式可在铁路亏损支线中率先采用，若实际补偿效果明显，则进一步向亏损干线推广。

由于地方政府在投融资体制上具有灵活性，对于城际铁路和通常情况下运量不足的支线铁路，未来支线铁路和城际铁路的投融资可能逐渐由地方政府主导，制订针对性的补偿计划，加大铁路投资的吸引力，达到改革目的。一方面，支线铁路和城际铁路的造价相对较低，地方更可能有能力承担；另一方面，由地方政府主导融资，融资模式会更加多样化，有利于民间资本进入，通过中央、地方政府、企业以及其他社会投资共同参与铁路线的长期发展。

7.6　本章小结

保障机制的建立是铁路公益性问题以及铁路改革进程中必要的组成部分，是保障企业健康、稳健发展的重要手段。因此，本章主要探讨了我国铁路公益性补偿保障机制问题，从多个角度对保障机制应考虑的方向提出了建议。

为保障我国铁路公益性补偿机制的正常实施，本章认为：

① 在国家铁路改革咨询委员会下设立铁路公益性补偿机制专门委员会，专门负责铁路公益性相关问题，能够提高解决相关问题的能力，并向中央深改委报告，以供中央深改委决策时参考。

② 应提升我国社会整体对铁路运营的思想认识，通过对铁路"公共性"和"企业性"双重认识，正确认识铁路公益性问题，有意解决公益性问题。并且加强铁路公益性社会舆论保障，推动我国铁路形象品牌建立，加强铁路公益性宣传。

③ 应从法律角度建立保障机制，一方面通过法律保护铁路相关企业自身利益，建立稳定健康的发展环境，另一方面通过法律约束铁路自身行为，保障铁路承担公益性职责与义务。

④ 从政策上给予保障，以政策灵活性引导铁路管理与发展，推进社会、政府与企业三方共同监督。

⑤ 推进建立资金保障，以多种方式从资金上解决铁路公益性问题。

建立保障机制是解决铁路公益性问题的重要保障。本章建议，要进一步探讨评价各项保障机制的具体建立流程和实施过程，同时对于铁路改革在未来可能出现的新问题要从新角度提出新的保障机制，正确处理铁路公益性问题，将补偿落实到位，确保政策执行效率。

第8章 结论与展望

8.1 主要研究内容

本书的写作意图在于推进铁路公益性补偿机制的建立与完善。

铁路作为国家重要的基础设施，与国家整体的经济建设以及经济体制基础有密切的联系。公益性是铁路的一个重要特性，与铁路能否成功实现市场化改革，以及铁路能否持续为经济发展做出贡献息息相关。铁路公益性服务是影响人民交通公平、人民基本生活品质的重要因素，更是关系到地区的经济发展，尤其为偏远、落后地区提供更多的发展条件和机会，为国防安全提供一定的保障。建立有效的公益性补偿机制，保障铁路公益性服务正常发挥作用，不仅是铁路改革的必然要求，也是实现社会公平和建设和谐社会的必然要求。

本书第 2 章从公益的概念、公共产品理论和外部性理论等角度论证了铁路的公益性质。第 3 章分析了国外企业的公益性补偿机制，并总结了国内外企业的公益性补偿机制对我国铁路公益性补偿的启示。第 4 章明确了公益性运输和公益性铁路的相关定义，分析了我国铁路公益性问题处理的基本方式，并论述了目前公益性补偿存在的问题。第 5 章在基本理论以及现状分析的基础上，明确了铁路公益性补偿的基本原则和总体思路。第 6 章分析了铁路公益性补偿经济标准，并且对不同的损失提出了测算方法，针对公益性铁路和公益性运输分类提出了补偿方式及方法。第 7 章研究了铁路公益性补偿的保障机制，主要从加强顶层设计、政策保障、法律保障、宣传保障和资金保障等方面展开了研究。

8.2　主要研究结论

本书首先简要论述了国企改革整体环境，国企改革事关国家经济安全、社会和谐稳定，是中国经济改革与发展的关键环节之一，国企改革亟须推进。2015 年，中共中央、国务院印发的《关于深化国有企业改革的指导意见》指出，应分类进行国有企业改革。公益类国有企业应重点关注成本控制、产品服务质量、营运效率和保障能力，根据企业不同特点有区别地评价经营业绩指标。同时，公益类国企应鼓励多种方式经营，可以采取国有独资形式，具备条件的也可以推行投资主体多元化。

第 1 章认为，国企改革亟须大力推进，铁路作为国企重要组成部分，关系到国家的经济和国力发展，为了使铁路更加适应当下的整体环境，铁路改革已迫在眉睫。铁路的公益性问题是铁路长期以来无法回避的挑战，无论从铁路自身利益上看还是从公益性本质上看，只有处理好铁路的公益性问题，制定科学合理的补偿政策，铁路的未来发展之路才能够更加健康、持续。

第 2 章认为，铁路在一定条件或一定范围内具有公益性特征，这种具有公益性特征的客货运输产品，具有极强的正外部性，属于公共产品或准公共产品，该类产品由于运价的管制或运量的不饱和等导致收入低于成本，而铁路运输企业又无法放弃该亏损业务，因此，需要政府履行公益责任，对铁路企业进行补偿。

第 3 章认为，铁路是国家重要基础设施，其他具有相似性质的基础设施或产业进行调查研究可以为我国铁路公益性补偿机制的建立提供参考。我国铁路改革及公益性问题处理可借鉴国外铁路改革及公益性问题解决经验进行讨论，国外铁路改革过程中面临的挑战均可为我国铁路发展提供宝贵收获，从法律法规、责任对象、补贴方式、监督和评价制度等角度思考我国铁路公益性问题的处理方案。

第 4 章认为，目前我国铁路公益性问题主要的应对方式还存在部分问题：第一，由于我国铁路发展历程以及自身规模等因素，补偿主体和补偿对象无法得到明确，铁路公益性问题解决效率较低；第二，交叉补贴和铁路建设基金两种补偿方式在科学性上存在一定问题，不再适应当下铁路发展现状，需要进一步改善；第三，我国铁路公益性补偿缺乏监管与标准评价，所建立的补偿机制无法取得较好效果；第四，我国公益性补偿机制缺少法律保障，缺少一个稳定、健康的投融资环境和发展空间；第五，目前我国铁路补偿形式还过于单一，应制定灵活的补偿方案，实现多方受益。

第 5 章认为，在给予适当补贴的同时，铁路监管部门和政府相关部门应制定铁路企业运输服务标准，督促其提高运输服务质量。在市场化条件成熟后，政府与铁路企业之间的市场化交易关系进一步完善，政府以需求者的身份对铁路运输服务提出各种要求并予以监督，从而保证铁路公益性运输服务的质量和效率。

第 6 章认为，对铁路公益性给予一定补贴并制定相关补偿政策在理论上是极其必要的。具体补偿办法上，应针对线路和各类公益性运输项目分类制定补偿政策，公益性线路由中央政府和地方政府共同提供补偿对各线给予一定补贴的补偿办法。公益性运输按照客运、货运，是否具有区域效益性质等，由中央和地方政府对运营损失给予相应比例补贴，同时结合铁路改革现状，考虑引入多种补偿形式。

第 7 章认为，首先应将铁路公益性问题纳入国家铁路改革咨询委员会的讨论议题之中，针对性地解决铁路公益性相关问题；其次应提升我国社会整体对铁路运营的思想认识，通过对铁路"公共性"和"企业性"的双重认识，加强铁路公益性社会舆论保障，推动我国铁路形象品牌建立；第三，应从法律角度建立保障机制，一方面通过法律保护铁路相关企业自身利益，建立稳定健康的发展环境，另一方面通过法律约束铁路自身行为，保障铁路遵守公益性职责与义务；第四，应从政策上给予保障，以政策灵活性引导铁路管理与发展，推进社会、政府与企业三方共同监督；第五，应推进建立资金保障，以多种方式从资金上解决铁路公益性问题。

我国铁路公益性问题亟待解决，相关管理单位应参照国内外运输行业公益性补偿机制，结合当前我国铁路公益性补偿现状，在理清铁路的公益性与经营性界限划分的基础上，明确公益性补偿政策，逐步建立补偿机制，以期为相关部门提供决策参考。

8.3 未来研究展望

我国铁路在整体上具有公益性和经营性双重范畴，既不可能由国家政府完全无偿投资支持，也不应该完全由铁路自身的运营获取盈利和建设投入。

铁路的公益性问题在我国铁路改革历程中由来已久，纵观世界范围，公益性是一个长期存在且无法完全根绝的问题。铁路改革需要时间逐步推进，公益性问题的处理也无法一蹴而就，但这并不意味着我们可以忽视问题的存在。针对铁路的公益性问题，需要相关研究人员和从业人员在整体框架上有一个基本的认识，既要把握整体的动向，也要从细节处一步步入手。在不偏离实际问题的情况下，正视问题的存在，大胆提出解决方案的制定，小心求证。在政策实施过程中，不断收集评价和反馈，既要保障改革取得成效，也要将失误造成的损失降到最小。相信在这样一个动态的管理结构下，铁路公益性所造成的各类问题能够得到较为妥善的解决。

希望本书的出版能提高公众对铁路公益性问题的认识，引起交通管理部门、铁路等多方对铁路公益性的关注，同时分析领域内各专家、学者的研究和观点，结合铁路的运营现状，为问题的解决方案提供一个可参考的引导方向。

当然，本书目前的分析和研究还处于较为初步的阶段，未来还需要从以下几个方面对铁路公益性补偿机制进行更深入的研究。

（1）由于铁路公益性相关数据不易获得，无法制定准确的公益性补偿标准，更无法确定补偿资金的真正去向，因此，亟须对铁路公益性数据库进行更深入的研究。

（2）本书仅对公益性铁路和公益性运输进行了分类讨论，未明确考虑铁路公益性与经营性的界定，需要进一步对其进行深入研究，定量分析铁路公益性与经营性界限，为铁路公益性补偿提供定量基础。

（3）本书仅对监督和评价机制提出了大致思路，未对其进行详细研究，未来需对其进行进一步研究，以确保补偿资金到位，准确评价补偿效果。

各类政策和理论会随着国情与社会现状不断更新。因此，未来关于铁路公益性问题的探讨还需要结合实际，从符合实情的角度为铁路公益性问题进行更加合理的解释。

参考文献

[1] 孙敏，张秋生. 解决中国铁路公益性问题的对策[J]. 综合运输，2009（10）：30-34.

[2] 秦晖. 政府与企业以外的现代化:中西公益事业史比较研究[M]. 杭州：浙江人民出版社，1999.

[3] 张江宇. 铁路的公益性与经营性如何界定[J]. 综合运输，2004（02）：23-25.

[4] 吕振宇，倪鹏飞. 铁路公益性:理论与经验[J]. 财经问题研究，2005（10）：51-56.

[5] 张超. 铁路改革中公益性问题的解决途径[J]. 综合运输，2009（11）：27-31.

[6] 吴新华. 公益与私权之辨[J]. 中华商标，2007（03）：5-8.

[7] 李国营. 浅谈高速公路社会公益性属性的发挥[J]. 北方交通，2008（05）：222-224.

[8] 卓高生. 公益精神概念辨析[J]. 理论与现代化，2010(01)：87-91.

[9] 林婕，陈昱方，张亮. 应用机制设计理论建立我国医院公益性保障机制模型[J]. 中国卫生经济，2010（11）：8-10.

[10] 白列湖，尚立富. 公益的内涵及其相关概念辨析[J]. 哈尔滨师范大学社会科学学报，2012（02）：24-28.

[11] 郑大喜. 公立医院公益性测量与评价体系研究[J]. 中国卫生质量管理，2010（05）：101-104.

[12] 吴敬琏. 公立医院公益性问题研究[J]. 经济社会体制比较，2012

（04）：13-20.

[13] 孙敏，王玲，张迪．关于铁路公益性理论的研究[J]．铁道运输与经济，2015（1）：1-4,65.

[14] SAMUELSON P A. The Pure Theory of Public Expenditure[J]. Review of Economics & Statistics, 1954, 36(4): 387-389.

[15] 斯蒂格利茨．经济学[M]．北京：中国人民大学出版社，2005.

[16] BAUMOL W J. The Theory of Environmental Policy[M]. U.K.: Cambridge University Press, 1988.

[17] 海曼．公共财政:现代理论在政策中的应用[M]．6版．章彤，译．北京：中国财政经济出版社，2002.

[18] 吴小莉．城市公共交通补贴机制探讨[J]．交通科技与经济，2009，9（6）：100-102.

[19] 胡建琦．我国民用机场运营补贴政策研究[D]．天津：中国民航大学，2007.

[20] 庄莹华．我国销售电价交叉补贴研究[J]．华东电力，2014（09）：1940-1943.

[21] 杨希，周圣坤．公益林生态效益补偿研究综述[J]．安徽农业科学，2010，38（21）：11160-11597.

[22] 肖克平，李明，白洪岭．加拿大运输政策介绍[J]．交通标准化，1995（03）：32-34.

[23] 刘拥成．加拿大和美国铁路的公益性运输[J]．中国铁路，2006（12）：25-28.

[24] 陈娅娜．英国铁路公益性运输补贴政策的分析与启示[J]．铁道运输与经济，2013，35（12）：58-62.

[25] 褚珊．铁路公益性运输服务的有效供给与补贴机制研究[D]．北京：北京交通大学，2014.

[26] 党振岭．建立铁路公益性运输补偿机制的探讨[J]．铁道运输与经济，2003（06）：6-7.

[27] 陈佩虹，王稼琼．铁路公益性运输的补偿机制及其改革[J]．改革，2006（8）：33-37.

[28] 张爱梅．探讨铁路公益性运输补偿机制的建立[J]．上海铁道科

技，2012（01）：16-18.

[29] 李璐，欧国立. 基于机会成本的铁路公益性运输收益损失计算方法[J]. 铁道经济研究，2014（06）：37-39.

[30] 林晓言，徐建平，褚珊. 铁路公益性运输服务补贴机制研究[J]. 铁道经济研究，2015（02）：6-13.

[31] 陈小君，宗刚. 我国铁路运输服务的公益性问题研究 —— 基于公共选择理论的扩展性分析[[J]. 北京工业大学学报(社会科学版)，2015（05）：28-32.

[32] 左大鹏，左大杰. 北美立法例对解决我国铁路公益性问题的启示[J]. 法制与社会，2014（16）：168-169.

[33] 方奕. 德国铁路改革现状及对策[J]. 铁道运输与经济，2017(07)：94-98.

[34] 秦晖. 政府与企业以外的现代化：中西公益事业史比较研究[M]. 杭州：浙江人民出社，1999.

[35] 周莹. 我国医院公益性评价及改善策略研究[D]. 武汉：华中科技大学，2009.

[36] 罗枫. 中国电信业公益性变化及社会价值创造研究[M]. 北京：北京邮电大学，2013.

[37] 李彬. 我国城市公共交通立法探讨[D]. 重庆：西南政法大学，2010.

[38] 章玉. 公共交通补贴的效率与机制研究[D]. 重庆：重庆交通大学，2017.

[39] 周培坤. 民用机场体制的国际比较及我国机场体制改革研究[D]. 厦门：厦门大学，2008.

[40] 张迪. 我国铁路公益性运输补贴政策研究[D]. 北京：北京交通大学，2015.

[41] 林伯强，蒋竺均，林静. 有目标的电价补贴有助于能源公平和效率[J]. 金融研究，2009（11）：1-18.

[42] 张志云，郭正福. 生态公益林补偿标准的确定[J]. 亚热带资源与环境学报，2010，5（3）：19-25.

[43] 朱丽洁. 国有铁路运输企业税收管理与核算问题的研究[D]. 南

京：南京理工大学，2012.

[44] 龚成一. 英国与日本铁路市场化改革的比较研究[D]. 上海：上海社会科学院，2015.

[45] 近藤祯夫，安藤阳. 日本铁路集团 —— 以"民营化"求生的基础铁路[M]. 日本：大月书店，1990（167）.

[46] 刘迪瑞. 日本国有铁路改革研究[D]. 天津：南开大学，2005.

[47] 杜晓峰，刘延平. 日本铁路新干线建设体制中各主体地位的确定[J]. 铁道经济研究，2002（02）：30-32.

[48] 刘世锦，冯飞，杨建龙，等. 铁路公益性运输问题亟需解决[J]. 调查研究报告，2003（161）：1-23.

[49] 刘云，廉李章. 建立铁路公益性运输补贴机制的思路建议[J]. 生产力研究，2013（12）：110-111.

[50] 蔡莹娟. 我国铁路公益性补贴机制相关问题研究[J]. 铁道经济研究，2013（04）：17-21.

[51] 来有为. 2003 年对中国铁路公益性的剖析[EB/OL] [2018-08-15]. http://www.docin.com/p-1737092371. html.

[52] 刘云，廉李章. 建立铁路公益性运输补贴机制的思路建议[J]. 生产力研究，2013（12）：110-111.

[53] 宋结焱，廉李章. 公益性铁路建设:市场失灵与政府责任[J]. 生产力研究，2016（04）：72-76+80.

[54] 汪忠，郑晓芳，吴琳，等. 社会企业的交叉补贴定价及福利效应分析 —— 基于三级价格歧视的视角[J]. 财经理论与实践，2016（02）：92-98.

[55] JAMES E. How nonprofits grow: A model[J]. Journal of Policy Analysis & Management, 1983, 2(3): 350.

[56] 宫建辉. 试析铁路行业的税收优惠政策[J]. 税务研究，2015(06)：104-106.

[57] 财政部. 铁路建设基金管理办法[J]. 中国财政，1997（05）：29.

[58] 梁剑. 我国铁路行业交叉补贴机制浅析[J]. 黑龙江科技信息，2007（12）：107.

[59] 王琼杰. 莫让铁路建设基金成矿企永远的痛[N]. 中国矿业报.

2016-03-12（003）.

[60] 宋结焱，廉李章. 公益性铁路建设:市场失灵与政府责任[J]. 生产力研究，2016（04）：72-76，80.

[61] 蒋良华，贾媛，涂诗意，等. 政府补偿与监管机制改革对公立医疗机构公共卫生和公益性服务的影响分析[J]. 中国医院管理，2014（02）：13-16.

[62] 齐慧. 过渡性财政补贴有助于铁路"造血"[EB/OL]. 中国经济网.（2013-08-23）[2018-05-03].http://www.ce.cn/xwzx/gnsz/gdxw/201308/23/t20130823_24684224.shtml.

[63] 张银雁. 基于博弈视角的铁路公益性运输补贴模式比较研究[D]. 北京：北京交通大学，2016.

[64] 黄民. 铁路公益性 理论·识别·实证[M/OL]. 北京：中国铁道出版社，2005.

[65] 郑常辉. 铁路企业成本管理理论发展历程及发展趋势分析[J]. 现代商业，2014（08）：114-115.

[66] 邹美凤，于富生. 公益性业务成本核算 —— 以铁路运输企业为例[J]. 财会通讯，2015（08）：66-68.

[67] 张昕竹. WTO与中国电信业新监控框架[J]. 经济社会体制比较，2000（01）：45-51.

[68] 史传彪. 铁路运输企业成本管理中的问题及对策探索[J]. 产业与科技论坛，2014（16）：215-216.

[69] 拜玉琼. 全媒体时代做好铁路网络舆论引导工作的思考[J]. 经济管理:全文版，2016（7）：00007-00074.

后　记

　　本书是"中国铁路改革研究丛书"中的一本，主要涉及铁路公益性补偿机制问题。

　　本书着重分析我国铁路公益性问题，同时分析了建立公益性补偿机制的相关措施。近年来，国企改革相关意见多次对公益性国企提出了特殊要求，国企的公益性已经逐渐引起社会以及国家的关注，铁路公益性问题在国企公益性中具有重要的代表性，同时随着我国铁路全面深化改革的推进，对铁路公益性补偿机制进行研究具有重要的意义。

　　铁路的公益性是由其职能及基础设施本质产生的，是具有历史性质的，更与铁路管理相关制度存在紧密联系。铁路作为我国重要的交通运输形式，如果其公益性受到影响，国家经济建设以及人民的基本生活均会受到不同程度的牵连。随着我国国企改革政策的逐步落实，我国的铁路改革正遭遇诸多挑战，考虑到我国国情以及我国铁路的建设与规划，铁路公益性问题必须得到正视。

　　在此背景下，本书在我国铁路公益性现状的基础上，总结相关研究资料，在整体框架上给出了我国铁路公益性补偿机制的建立思路。当然，本书关于铁路公益性问题的分析和研究还处于初步阶段。未来还需要各领域内专家学者和相关从业人员从科学理论与实际运营经验出发，深入理论研究，提出更加合理的公益性问题解决机制。

　　本书在内容上还存在一定欠缺，未着重探究铁路公益性切实可行的解决措施。总体来说，本书内容丰富，涉及面广，实践价值高，写作难度大。但是，考虑到当前铁路改革发展的严峻形势，亟须出版"中国铁路改革研究丛书"以表达作者的思考与建议。该系列丛书的初衷在于试图构筑全面深化铁路改革的完整体系，而对于若干关键问题的阐述可能还不够深入，甚至存在不少错误之处，恳请专家与读者提出宝贵意见和建议，以便再版时修改、完善。

西南交通大学黄蓉、陈瑶、丁祎晨、唐莉、王孟云、乔正、诚则灵、任尊、雷之田、戴文涛、曹瞻、胡万明、李斌、张瑞婷、池俞良、马寓、曾江、赵柯达、杨明宇、霍跃、宗小波、熊超、卓华俊、罗桂蓉、徐莉、孙晓斐、李岸隽、陆柳洋、谢媛娣、徐跃华、丁聪、石晶等同学在本书撰写工程中承担了大量的资料收集、整理工作。感谢他们为本书的撰写和出版所做出的重要贡献。

最后，本书付梓之际，感谢所有关心本书、为本书做出贡献的专家、学者，以及铁路相关领导同志。

左大杰

2018 年 11 月 2 日